京都
知られざる歴史探検

㊤

上京　洛北　洛東・山科

京都 知られざる歴史探検〈上〉 目次

【洛東・山科】

京都 知られざる歴史探検〔下〕 目次

【下 京】

【洛 西】

延暦十三年（七九四）の平安京遷都から数えて千二百年余り、京都は常に日本文明の中心としての地位を保ち続けて現在に至った。しかし、この永い歩みは、けっして平坦なものではなかった。その間、京都は数知れぬ変転の波にもてあそばれたのである。たとえば、平清盛によるいわゆる「福原遷都」（一一八〇年）、鎌倉幕府が京都を軍事占領した承久の乱（一二二一年）、十一年間にわたって継続した応仁・文明の大乱（一四六七〜七七年）、京都から政治の中心としての地位を奪った江戸幕府の成立（一六〇三年）、京都の市街地を焼き尽くした天明の大火（一七八八年）や禁門《きんもん》の変（蛤御門《はまぐりごもん》の変、一八六四年）、明治天皇の東幸（一八六八年）といった事件は、そのたびに京都は滅びるのではないかという危惧さえも感じさせたのである。

しかし、京都はこうした数多の試練を乗り越え、そのつど、まるで不死鳥を思わせるよみがえりを見せてきた。京都の歴史の特徴を簡潔に言いあらわすならば、都市としての強靱な生命力と歴史の重層性、ということになる。このふたつの特質は、まるで通奏低音のように京都の歴史を彩り続けている。

京都の街を歩くと、そこかしこに歴史の痕跡が息づいている。町角にひっそりとたたずむ小さなお寺や神社にも、思いもかけないような深い歴史が秘められている。道路脇の一本の石碑が、日本史をゆるがす大事件の記憶を留めている。誰もが知っているような有名寺院であっても、スポット・ライトのあて方によっては今まで気づかれなかったような斬新な表情で私たちを出迎えてくれることもあるだろう。京都の歴史が織りなしてきた多彩さをひとつひとつ拾い出していくこと、それこそが京都散策の醍醐味なのだと思う。

私は京都で生まれ育ち、幼い頃から京都の史跡に親しんできた。そして、ついには京都の歴史研究という深い森に入り込み、今もその中をさまよい続けている。本書を通じて、皆さんに京都の歴史のおもしろさの一端を伝えることができるならば、私にとってこれ以上の喜びはない。

【上京】

1 平安京の中心 ——平安宮大極殿跡

延暦十三年、つまり西暦七九四年は平安遷都の年である。新王朝の建設の意欲に燃える桓武《かんむ》天皇は、この年の十月二十二日にそれまでの都であった長岡宮（七八四〜九四年）を出て、山背国葛野郡に新造された「葛野大宮《かどののおおみや》（後に平安宮《へいあんきゅう》と呼ばれる）」に遷り、同月二十八日には遷都を正式に宣言する詔《みことのり》を発した。そして十一月八日、新京は「平安京」と名づけられた。

古代の都の中心施設は、国家の重要な儀式に使われる大極殿《だいごくでん》であった。平安宮大極殿の跡は、現在の千本

平安宮大極殿跡（千本丸太町交差点）を東から望む

丸太町の交差点付近にあたっている。その北側の児童公園には、明治二十八年（一八九五）に平安遷都千百年を記念して建てられた「大極殿遺址」と記した大きな石碑がある。

奈良の平城宮の大極殿は見事に復元されたが、平安宮の大極殿の跡は京都の市街地にのみ込まれてしまい、その遺構が考古学的に確認された例は少ない。千本丸太町の交差点北側で、大極殿の階段の裾の遺構がわずかながら見つかっているという例があげられる程度である。しかし、その周辺では、断片的ながらも大極殿の周囲の建物の遺構が確認されているところがある。たとえば、「大極殿遺址」の石碑から千本通を挟んだ向かい側にある古本屋さんの場所では、建物の建て替え工事にともなっておこなわれた発掘調査によって、

明治28年（1895）建立の「大極殿遺址」碑
実際の大極殿跡からは少しずれており、大極殿の周囲の軒廊（大極殿院北廊）跡にあたっている。

大極殿にとりつく廊下（軒廊《こんろう》）基壇の一部分が検出された。また、丸太町通千本東入ル南側では、朝堂院蒼龍楼《そうりゅうろう》（大極殿の東南に付設された楼閣）からのびる廊下の雨落溝が見つかっている。さらに、長年の発掘調査によって平安京の中心軸がどこを通っていたかは判明している。微細な情報ばかりであるが、それらを注意深く組み合わせていくならば、大極殿の正確な位置を推定することが可能となる。ここに掲げた写真でいうならば、正面に見えている時計・メガネ屋さんの右端あたりが大極殿の中心、つまり桓武天皇の座っていた高御座《たかみくら》の跡である。手前の歩道の路上には「大極殿跡」の表示が設置されている。

こうして推定された大極殿の跡地に立つたびに、私は千二百年前の平安京の誕生に想いを馳せるのである。

案内

平安宮大極殿跡：JR嵯峨野線二条駅または地下鉄東西線二条駅より、市バスまたは京都バスで「千本丸太町」下車。交差点やや北に児童公園があり、そこに「大極殿遺址」碑がある。交差点の周囲の歩道や植え込みには大極殿・朝堂院の説明板や表示石がある。地図3

京都市平安京創生館：平安京についてもっと学びたい場合は、「京都アスニー（京都市生涯学習総合センター）」内のこの施設がお勧め。平安京の千分の一の復元模型などが展示されている。入館無料。JR嵯峨野線円町駅下車、東へ約800m。市バス「丸太町七本松」下車、西へ約100m。大極殿跡の千本丸太町からは西へ約600m。地図3

❷ 平安宮の謎の空間——縁の松原

日本の古代都城の掉尾《とうび》を飾る平安京では、それまでの都城では不徹底だったところが整理されている。そのひとつが、左右対称の設計思想の貫徹である。平安京は朱雀大路を挟んで、見事なまでの対称性が確保されている。

そうした観点から平安京の大内裏（平安宮）の復元図を眺めてみると、いささか奇妙なことに気づく。大内裏の中央西半部に、「縁《えん》の松原（宴《えん》の松原）」と呼ばれる広大な松林が広がっているのである。ここは、

縁（宴）の松原跡の石碑

鬼が出没すると噂されるような寂しい場所であった。それにしても、官庁街である大内裏の真ん中に広大な空閑地があるというのは不自然であるし、それによって平安京の左右対称の原則が崩れてしまっているのはどうしても気になってしまう。

近年の都城研究では、この縁の松原のもっていた意義が議論されるようになってきた。縁の松原を大内裏の中軸線で折り返すと、ちょうど天皇の日常の居所である内裏にいきあたる。瀧浪《たきなみ》貞子氏は古代では天皇の代替わりごとに宮が移動するのが通例だったとして、縁の松原は内裏の移建のためにあらかじめ確保されていた土地だったとしている。一方、橋本義則氏は、聖武天皇の恭仁宮《くにのみや》で天皇の内裏と太上天皇《だいじょうてんのう》（前の天皇）の宮が東西に併存していることから類推して、平安宮の縁の松原はもともとは太上天皇宮の予定地だったとする。

しかし、桓武《かんむ》天皇は終生天皇を続けて太上天皇になることはなかったし、それ以降の平安時代の天皇は譲位とともに平安宮を出て他の場所に太上天皇宮を設けるのが通例となった。また、平城《へいぜい》天皇が即位したときに群臣が内裏を移転させることを進言したのに対して、天皇は平安宮は先帝の桓武天皇が定めた永遠の都であるとして群臣の意見を退けた。これによって平安宮内における内裏の移動案も立ち消えとなった。

こうして、平安宮では太上天皇宮予定地も内裏の移転予定地も無用のものとなった。その土地はやがて松原となり、平安宮における空閑地として残されることになったのである。

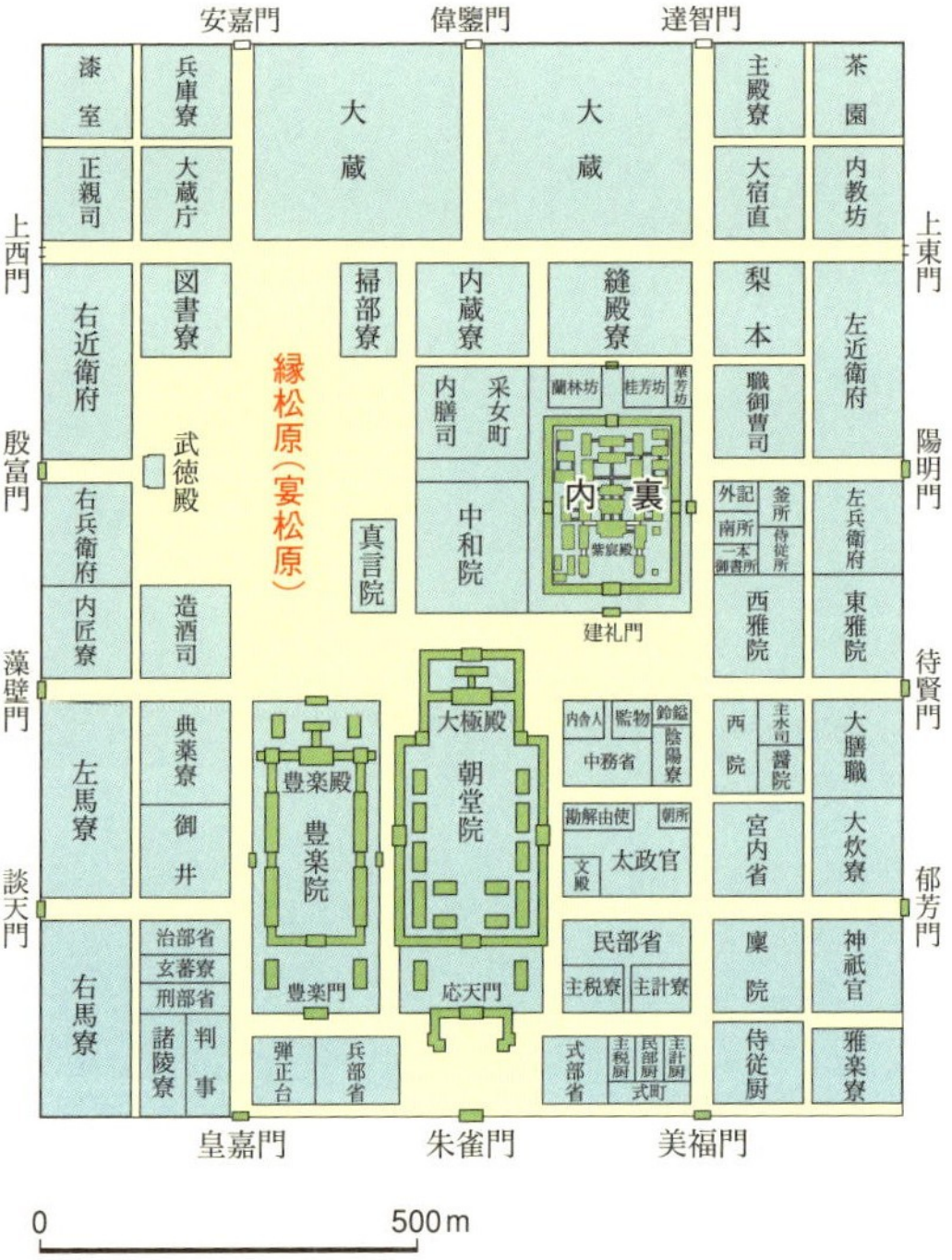

平安宮復元図（山田作図）
中央西側に縁（宴）の松原が見える。

> 案内
> **縁（宴）の松原跡**：上京区出水通千本西入ル七番町の石材店に石碑が立っている。市バス「千本出水」下車、西へ約200m。第30項でとりあげた華光寺の斜め向かい側である。縁の松原はかつては約400m四方の広大な範囲を占めていた。地図③

❸ 失意の公家の偉業——京都御所

現在の京都の中で、最も京都らしい場所とはどこだろう。人によって意見はさまざまだろうが、私なら迷うことなく京都御所の名をあげる。天皇の都である京都にとって、御所の存在こそが京都の京都たるゆえんだと思うからである。

もっとも、現在の京都御所は桓武天皇の築いた平安時代の内裏とはまったく異なっている。現在の京都御所は平安京でいうならばその東北角に近いところに位置している。平安時代中期以降、天皇は平安宮《へいあんきゅう》（大内裏《だいだいり》）の中にある本来の内裏（「大内《おおうち》」という）を出て、京内の邸宅を臨時の内裏とすることが多くなった。これを里内裏《さとだいり》と呼ぶ。のちには、里内裏に居続けで大内は儀式の際にしか使わないという天皇も現れるようになる。そして、鎌倉時代前期の安貞元年（一二二七）、再建工事中であった大内は失火によって全焼し、そのまま廃絶してしまった。

鎌倉時代末期、持明院統《じみょういんとう》の光厳《こうごん》天皇によって、土御門《つちみかど》大路の北、東洞院《ひがしのとういん》大路の東にあった邸宅が里内裏に定められた。この御所は室町時代を通じて歴代天皇の常在所となって「土御門内裏」と通称されるようになる。室町時代には一町（約一二〇メートル）四方という小規模なものであったが、豊臣秀吉や徳川家康の天下統一後に拡張を重ね、現在の京都御所へと発展する。さらに、後水尾《ごみのお》上皇（「ごみずのお」とも言う）やその中宮の東福門院（徳川和子《まさこ》）の居所として仙洞《せんとう》御所や大宮御所が造営され、複数の御所が並立する偉観が造り出された。

　現在の京都御所の建物のほとんどは幕末の再建であり、平安時代のものが残っているわけではない。けれども、今も京都御所は平安時代のイメージを充分に漂わせている。その陰には、固禅《こぜん》入道裏松光世《うらまつみつよ》（一七三六～一八〇四）というひとりの公家の存在があった。

　光世は内大臣烏丸光栄《からすまるみつひで》の末子として生まれ、縁戚の裏松家を継いだ。順風満帆の官歴をたどっていた光世

京都御所
承明門（じょうめいもん）から紫宸殿（ししいでん・ししんでん）を望む。

京都御所建礼門
京都御所の正門である。

であったが、宝暦八年（一七五八）に勃発した宝暦事件によって人生を大きく狂わせることとなった。当時の公家たちに尊王論《そんのうろん》を説いていた竹内式部《たけのうちしきぶ》（竹内敬持《たかもち》）が反幕府の危険思想の持ち主として追放され、それに連なる公家たちも断罪されたのである。

式部の門下生であった光世もこの事件に連座し、辞職と出家（固禅はこのときにつけた法名）に追い込まれることになった。出世の道を絶たれて失意の逼塞に追い込まれた固禅であったが、彼はそこで自暴自棄に陥ることはなかった。それ以降は学問の道、特に平安京の総合的研究に邁進したのである。

三十年後の天明八年（一七八八）、御所は大火によって焼失、その再建が幕府の老中松平定信《さだのぶ》の指揮のもとに進められることになった。歴史や故実に深い関心をもっていた

京都御所清涼殿（せいりょうでん）
平安時代においては天皇の日常の生活の場であった。

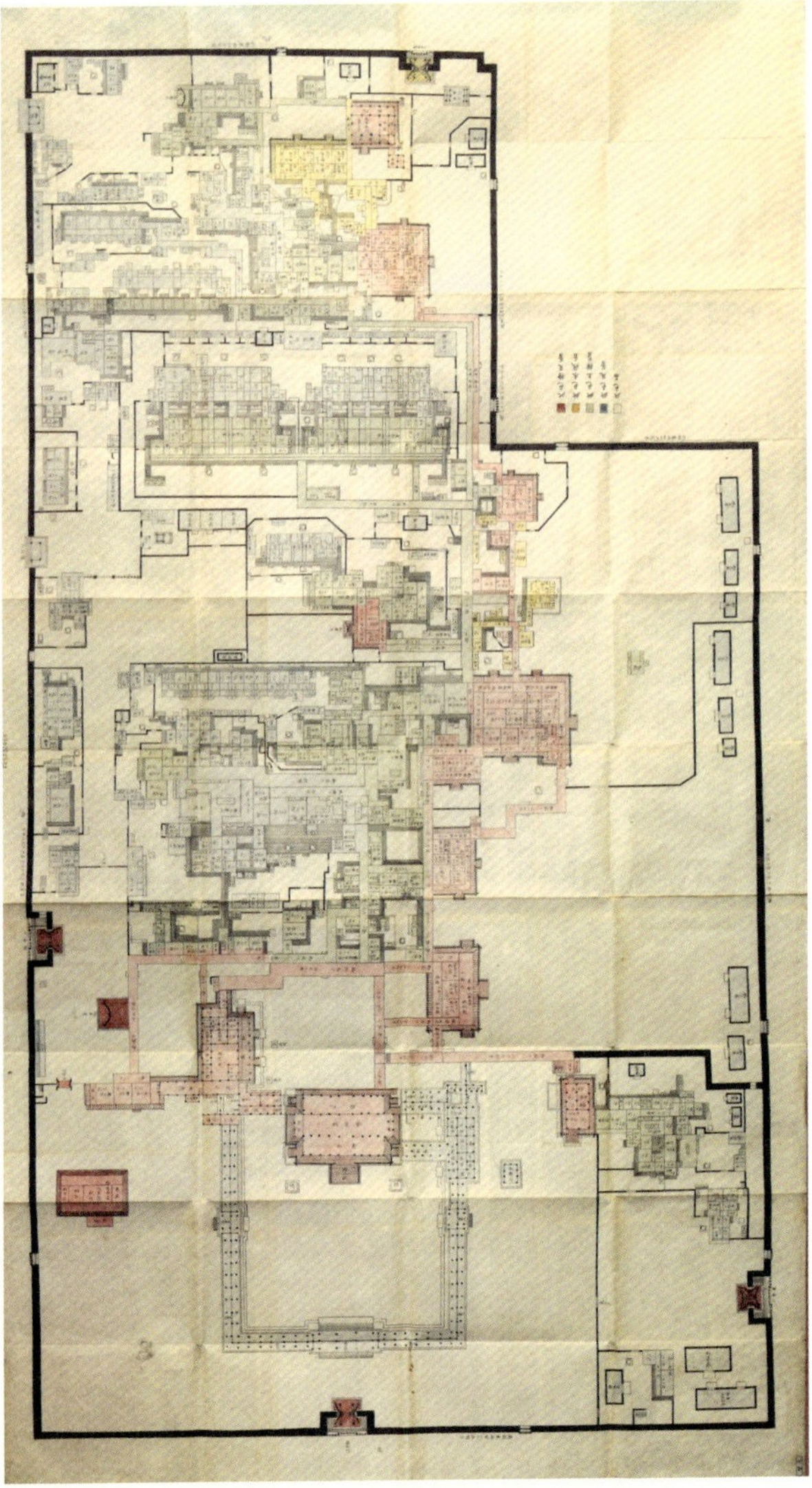

『禁裏御所准后御殿二分計絵図』（安政２年〈1855〉、同志社女子大学蔵）
寛政度内裏を忠実に再建した安政度内裏の姿を描く。

定信は、御所を平安朝の様式に復古させることを願ったが、かといって平安時代の内裏の姿は皆目検討がつかない。ここで脚光を浴びたのが固禅であった。固禅は自らの研究成果を惜しみなく提供し、御所は寛政二年（一七九〇）に見事に竣工した。

この寛政の御所（寛政度内裏）はその後焼失してしまったが、安政二年（一八五五）にいたって寛政の設計図どおりに再建された。これが現在の京都御所である。私たちが京都御所に平安時代の面影をしのぶことができるのは、ひとえに裏松固禅のおかげなのである。そして、彼の著書『大内《だいだい》裏図考證《りずこうしょう》』は今も平安京研究の基本として不滅の光を放ち続けている。

現在、御所の周囲は「京都御苑《ぎょえん》」という公園になっている。織田信長や秀吉や家康によって御所の周辺には貴族の屋敷が集められ、公家町《くげまち》という特別の空間が形成された。明治維新後に公家の多くが東京に去ったため、その跡地が市民の憩いの場となった。広く美しい京都御苑に立つとき、私は京都千年の歴史が走馬燈のように脳裏を駆けめぐるのを感じるのである。

案内

京都御所：地下鉄烏丸線今出川駅下車、南へ約600 m。これまでは京都御所の見学は春秋の一般公開とそれ以外の時期の事前申込制参観に限られていたが、2016年からは申込手続不要の「通年公開」となった。地図2

❹ 公家屋敷に祀られた神社——京都御苑の宗像神社

京都御所を取り囲む自由で広大な空間が京都御苑《きょうとぎょえん》である。その敷地の中に、宗像《むなかた》神社、厳島《いつくしま》神社、白雲《しらくも》神社という三つの神社が鎮座する。御所に神社とは一見すると奇妙な取り合わせに思えるが、これらはいずれも、もとは公家屋敷の中に祀られていた鎮守の社だ。それが、明治維新による公家たちの東京移住にともない、神社だけが取り残されてしまったのである。

そのひとつである宗像神社は、平安時代前期に創建された古社である。厳密にいうなら

京都御苑の宗像神社
現在地は平安京左京一条四坊四町・二条四坊一町跡に該当する。

ば平安時代の場所からはわずかに移動してしまっているが、それでも古代からの伝統を受け継いでいるのはうれしい。九世紀前半、現在の宗像神社のすぐ西北にあたる平安京左京一条三坊十四町に、右大臣藤原内麻呂《うちまろ》が子息の冬嗣《ふゆつぐ》のために東京一条第《とうきょういちじょうだい》（この場合の東京とは平安京左京のこと）という邸宅を営んだ。これは代々の藤原氏北家の当主に伝領され、小一条第《こいちじょうだい》（小一条院）と呼ばれるようになった。『枕草子』にも平安京の名邸のひとつとしてあげられており、当時から著名であったことがわかる。邸内には九州から宗像三神《さんしん》が勧請されており、

国立歴史民俗博物館甲本（町田家本）『洛中洛外図屏風』に描かれた戦国時代の花山院（同博物館蔵・提供）
周囲に水濠をめぐらせていることが注目される。

これが小一条院の宗像神社の始まりである。めずらしいことに、参詣者の通行に便利なように、小一条院の南側の勘解由《かげゆ》小路にはわざわざ特別な敷石で舗装がなされていたという。

一方、現在の宗像神社の北側の地（平安京左京一条四坊三町）には、花山院（東一条第《ひがしいちじょうだい》）という邸宅があった。太政大臣藤原良房が建てたもので、平安時代中期には花山法皇の御所となったことでも知られている。この邸宅は関白藤原師実《もろざね》の子孫に伝えられ、それによってこの家系は花山院家を名乗るようになった。南北朝時代、花山院は足利尊氏による後醍醐天皇幽閉の舞台になったことでも知られている。江戸時代には花山院家はやや南に屋敷地を移動させ、もとの小一条院の宗像神社をも含みこむことになった。この縁により、花山院家は同社を鎮守神とすることになったのである。

案内

宗像神社：地下鉄烏丸線丸太町駅下車、東北へ約300m。参拝自由。なお、宗像神社の西南には旧・閑院宮邸があり、庭園と建物が公開されている。また、宗像神社の南には九条家邸跡があり、庭園遺構の九条池、鎮守である厳島神社、茶室の拾翠亭（しゅうすいてい）が残る。いずれも、京都御苑内に残る公家屋敷の遺構として貴重である。地図2

❺ 皇太子の座を売った男――小一条院跡

京都御苑の宗像神社に詣でるときに私は必ず、小一条院を御所としていた平安時代中期のある皇族のことを思い出す。三条天皇皇子の敦明《あつあきら》親王である。

三条天皇の時代、最高実力者の藤原道長は先帝の一条天皇の忘れ形見の敦成《あつひら》親王（のちの後一条天皇）を即位させたくてたまらず、三条天皇に圧力をかけ続けた。この皇子は道長の外孫《がいそん》だったからである。抗争に疲れ果てた天皇はついに失明してしまい、譲位へと追い込まれる。しかし天皇は最後の意地を見せ、我が子敦明親王を新帝の皇太子の座につけてから世を去ったのであった。

こうして皇位継承者になった敦明親王であったが、道長は自分の血を引かない皇太子を快く思わなかった。ところが親王は、誰しも予想できなかった行動に打って出る。突然、彼は皇太子を辞退することを宣言したのである。これには当の道長でさえもが仰天した。いつかは皇太子を失脚させようと狙っていたにせよ、攻撃開始の前にその相手が身を投げ出してきたのであるから。

しかし、親王の次の言葉を聞いて、道長は再び絶句した。親王が退位の見返りとして要求してき

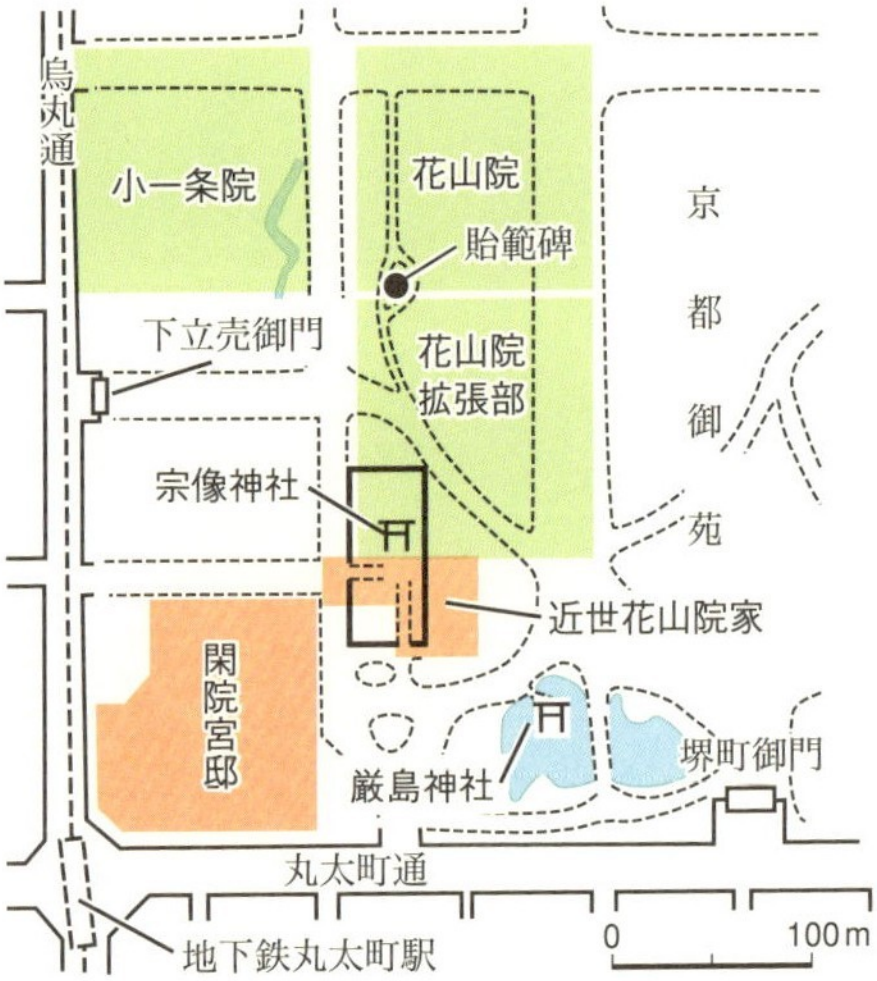

平安時代の花山院・小一条院、近世の花山院家、現在の宗像神社の関係（山田作成）

小一条院の跡地

たのはなんと、前代未聞ともいうべき太上天皇《だいじょうてんのう》の地位だったからである。太上天皇とは退位した天皇に奉られる尊号であり、本来ならば即位もしていない親王がその地位につけるはずがない。

だが、道長にとって代々の天皇を自分の血筋で独占することは、どんな犠牲を払ってでも果たしたい悲願であった。道長はついに親王の法外な要求をすべて呑《の》み、これによって親王は太上天皇に準ずる待遇と「小一条院」の院号をまんまと手中に収めたばかりか、道長の娘・寛子《ひろこ》を妻に迎えるという大成果を勝ち取ったのであった。

関口力《つとむ》氏の研究によると、敦明親王は日頃から粗暴な振る舞いが多く、天皇の器量ではないと陰口をたたかれるような人物だった。しかし、彼が自分の置かれた立場を正確に見極める点においては天才だったという事実だけは認めざるをえない。親王は自分の持つ唯一の財産ともいうべき皇太子の座の価値を冷静に評価し、最適のチャンスをとらえてそれを最も高値で売り抜けることに成功したのであった。

案内

小一条院跡：第４項の宗像神社よりやや西北、京都御苑下立売御門の北側の「出水の小川」付近に該当する。地図2

⑥ 偉大なる帝王失格者

——平安時代の花山院跡

京都御苑の宗像神社に立つときに思い出すもうひとりの人物は、退位後に花山院を御所としていた花山天皇（法皇）である。この人物は、歴代天皇のなかでも評判がよくない。即位式のときに高御座《たかみくら》に女性をひっぱりこんで怪《け》しからぬ行為に及んだという逸話（『古事談』『江談抄』）はさすがに眉唾物であるが、貴族たちの顰蹙《ひんしゅく》を買うような奇矯《ききょう》な振る舞いが多かったことは事実である。し

花山稲荷大明神
宗像神社の摂社のひとつとなっており、花山院の伝統を今に伝える。

かし私はそこに、旧弊な宮廷の世界にあって、自らの感性の爆発に身悶えする多感で純粋な青年の姿を見ている。

破綻は意外なほど早く来た。寵愛する美貌の女御・藤原忯子《よしこ》の死が、彼に皇位を投げ出すきっかけを与えた。これを奇貨として、右大臣藤原兼家は天皇をだまして出家に追い込んでしまう。そしてその間隙をついて兼家は、自分の外孫を一条天皇として即位させ、自らは新帝の摂政となって政権を掌握してしまったのである。

退位してからの花山法皇は、宗教と芸術の道に没頭する。西国三十三カ所観音霊場巡礼の創始者が法皇であるとされるのも、その現れであった。芸術家としての法皇はまさに天才だった。

京都御苑内の「貽範（いはん）碑（江戸時代の賀陽宮邸跡）」のあるマウンド
花山院の築山の痕跡だという説（森蘊氏）がある。

建築・絵画・工芸・造園・和歌、どれをとってもその斬新なアイデアが世間の耳目を奪わずにはいなかった。数多くの女性と浮名を流す彼のプレイボーイぶりは有名だったし、それがこじれて内大臣藤原伊周《これちか》とその弟の隆家《たかいえ》に矢を射かけられるという事件すらおきた。こうした醜聞は彼の評判を泥にまみれさせたが、ここにも、自分に正直に生きたいと願い続けたひとりの人間の姿が見え隠れする。

こんなパーソナリティーの持主にとって、ドロドロとした権力抗争のなかで皇位に居座ることが幸せであったはずがない。その意味で、謀《はか》られた退位も彼にとっては悪い選択ではなかっただろう。花山法皇は帝王としては確かに失格だった。しかし私は、一天万乗《いってんばんじょう》の位を惜しげもなく投げ捨て、美と信仰と愛の世界を選んだ法皇に拍手を送りたい。

彼は、自らの御所の花山院の築地塀の上になでしこの種を蒔かせた（『大鏡』）。秋になると、塀の上には唐錦をはりめぐらしたように、色あざやかな花が華麗に咲き乱れた。まるで、この偉大なる帝王失格者の絢爛たる情念の噴出のように。

案内

平安時代の花山院跡：第４項の宗像神社の北側あたり。現在は京都御苑の芝生が広がっている。地図2

❼ 秀吉、最期の夢――京都新城跡

豊臣秀吉の生涯を振り返ってみると、青年期から壮年期にかけての溌剌《はつらつ》とした活躍と、老年にはいってからの訳のわからない迷走とが際だったコントラストを見せている。壮大な失敗作とでもいうべき朝鮮侵略戦争（文禄・慶長の役）や、甥の関白秀次一族の粛清などはまさにその典型例だ。どうひいき目に見ても、秀吉はいささか晩節を汚したといわざるをえまい。その理由の一端はやはり、秀吉が永く後継者に恵まれず、老年にいたってやっと嫡子・秀頼を授かったという点に求めるべきであろう。最晩年の数年間の秀吉は、自らの死の予感と、幼い秀頼の将来に対する不安との狭間《はざま》であがき続けたのである。

秀吉は、自らの死後の豊臣政権の本拠地をどこにするか、な

京都新城跡（現、仙洞御所・大宮御所）

かなか決断をすることができなかった。京都にするか、大坂にするか、それとも伏見にするか、秀吉は最期の最期まで迷い続けたのである。ほとんど知られていない事実であるけれども、秀吉の迷いを象徴するような城郭が京都に築かれている。慶長二年（一五九七）、秀吉は天皇のいる内裏の東南に接して、「京都新城《しんじょう》」という新しい城を築いた。現在の仙洞御所・大宮御所を中心とした場所である。この城は「秀頼卿御城」とも呼ばれたとおり、まさに秀頼の京都居城の意味をもつもので

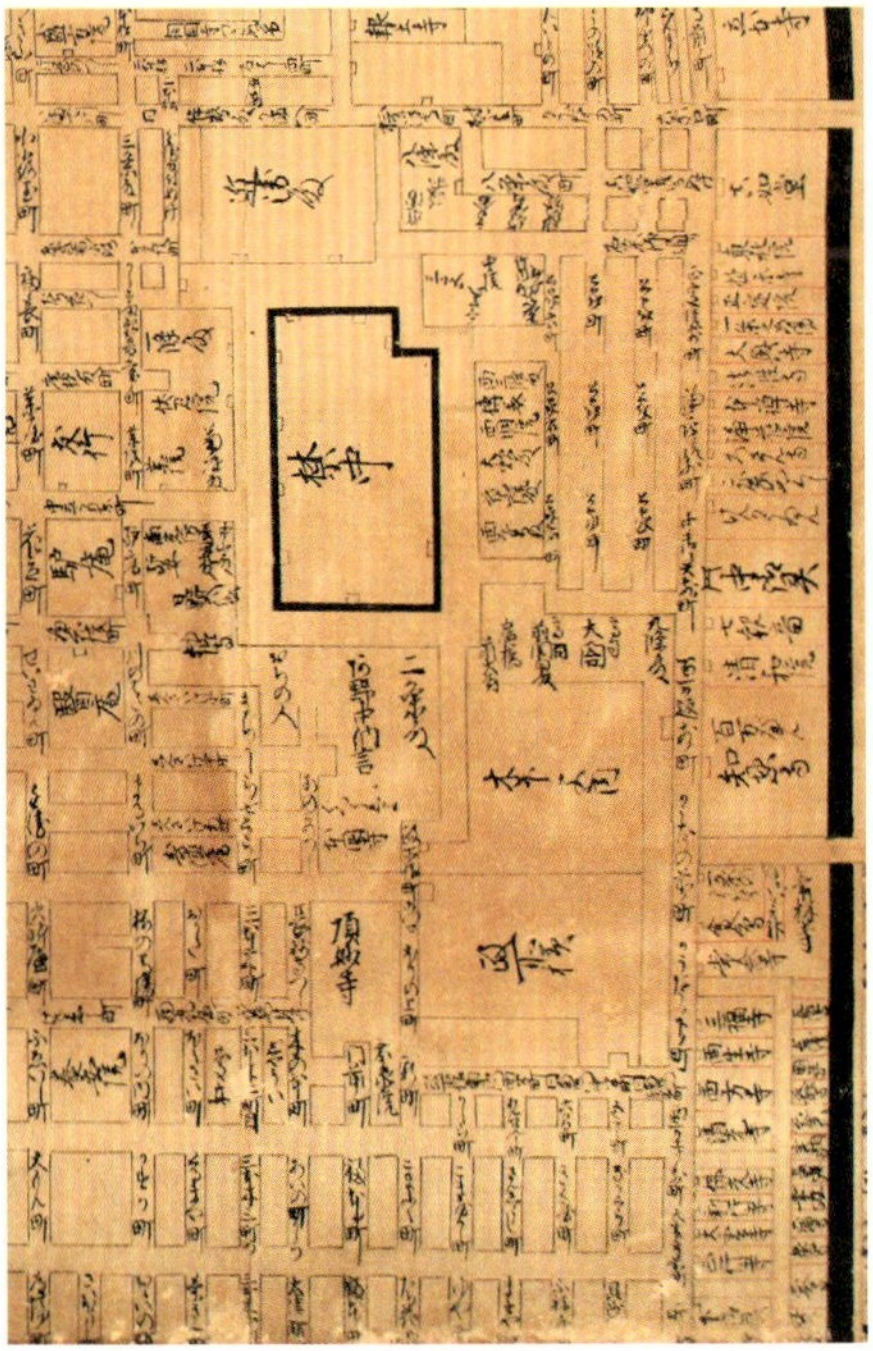

現存最古の京都地図である『京都図屏風』（大塚隆編『慶長昭和京都地図集成』〈1994年、柏書房〉に拠る）秀吉の薨去後、京都新城は彼の妻であった北政所（高台院）とその甥の木下利房の京都屋敷となり、のちには仙洞御所および大宮御所に改築されている。「禁中」（天皇の御所のこと）の右下の「政所様」「木下宮内」と書かれている部分が京都新城の跡である。

あった。そこから考えると、秀吉はこの城を築くことによって、秀頼を首班とし、天皇の権威をいただく「武家関白政権」を再構成することを夢見たのかもしれない。しかし、秀吉にはそうした構想を実現させるだけの充分な時間はもはや残されてはいなかった。

慶長三年（一五九八）にはいると、秀吉は「京都新城」を未完成のまま放棄するとともに、大坂城の大拡張工事（三の丸普請）にとりかかった。近世史研究者の横田冬彦氏によると、これは最終的に秀吉が大坂を武家政権の首都としようと決意したことを意味しているという。しかし、同年の秀吉の死により、この「大坂首都構想」はついに完成されずに終わった。そして、秀吉のカリスマ性によってのみ維持されていた豊臣政権は音を立てて崩壊していったのである。

案内

仙洞御所・大宮御所：地下鉄烏丸線丸太町駅下車、東北へ約700m。または市バス「裁判所前」下車、北へ約500m。仙洞御所の参観は、京都御苑内にある宮内庁京都事務所に申し込むこと。大宮御所は非公開。地図2

❽ 禁門の変の主戦場——蛤御門

日本史のなかで、幕末の人気はまったく衰えない。確かに、この時代を駆け抜けた英雄たちの姿は、現代の我々をも魅了せずにはおかないのである。しかし、彼らの活躍に胸躍らせながらも、私は一抹の違和感を感じざるをえない。「一将功なりて万骨枯る」という言葉があるが、華々しい英雄たちの陰に隠れた、数多《あまた》の無名の人びとの犠牲を思わざるをえないからである。

元治《げんじ》元年（一八六四）六月末、京都の街は異常な緊張に包まれていた。文久三年

蛤御門
現在は烏丸通に面しているが、幕末にはもう少し東側に建っていた。

（一八六三）八月十八日の政変で朝廷から放逐された長州藩が起死回生の大逆転を狙い、総勢三千人の大軍を京都に向けて発したのである。長州軍は伏見（伏見区）、山崎（京都府大山崎町）、男山《おとこやま》（京都府八幡市）、嵯峨天龍寺（右京区）に陣を張り、京都を包囲した。彼らはとりあえずは武力を背景とした威嚇を加えつつ、まずは長州藩の京都政界復権の交渉をおこなった。しかしそれが決裂した場合にはすぐに軍事作戦に切り替え、実力で御所を奪還しようと考えていたことに疑いはない。そして、長州軍を迎え討つのは、禁裏御守衛総督《きんりごしゅえいそうとく》一橋《ひとつばし》（徳川）慶喜《よしのぶ》以下の幕府、会津藩、桑名藩、薩摩藩などの連合軍である。

七月十九日、ついに戦いの火蓋が切られた。主戦場となったのは御所をとり囲む公家町の西端にある蛤御門《はまぐりごもん》であり、そのことからこの戦いは蛤御門の変（禁門《きんもん》の変）と呼ばれた。激戦のなか、都の空には大砲や鉄砲の音が絶え間なくとどろく。この戦いから発した火災が「どんどん焼け」とか「鉄砲焼け」と呼ばれたのも、この砲声の印象があまりにも強烈だったからである。

長州兵は一旦は公家町の内部に突入して御所の目前にまで迫ったけれども、薩摩の精鋭が迎撃するにいたって形勢は逆転、じりじりと押し戻されていった。そして結局、この戦いは長州軍の完敗によって幕を閉じたのであった。

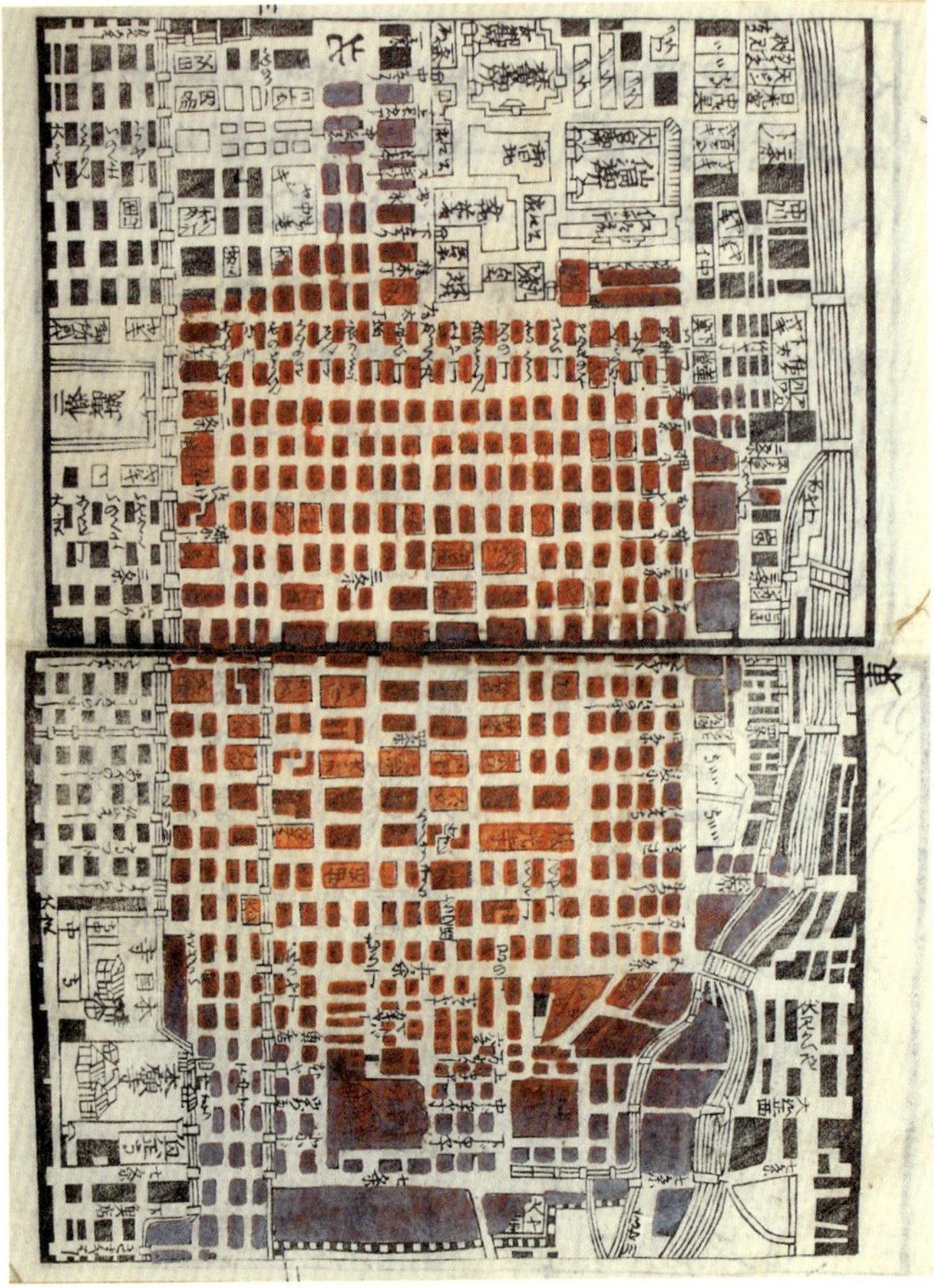

蛤御門の変の「どんどん焼け」の焼亡範囲（『洛中大火夢物語』山田蔵）
赤く塗られた部分の北端付近が蛤御門。

案内

蛤御門：地下鉄烏丸線今出川駅下車、南へ約700ｍ。または地下鉄烏丸線丸太町駅下車、北へ約700ｍ。地図2

❾ 追い詰められた長州兵──長州兵が逃げ込んだ鷹司邸

元治元年（一八六四）七月十九日の禁門の変（蛤御門の変）は長州藩の敗北に終わった。必死に逃げのびようとする長州兵たちとそれを追う幕府側連合軍は、蛤御門付近や前関白鷹司輔熙《たかつかさすけひろ》邸、そして河原町二条の長州藩邸などに火を放つ。鷹司邸が被害にあったのは、当主の輔熙が長州藩の支持者とみなされていたことに加え、追い詰められた長州兵がその邸内に逃げ込んでいたことによる。そして、おりからの北風にあおられた火焰は京都の市街をなめつくし、ついには北は蛤御門、南は七条、西は堀

京都御苑内の鷹司邸跡
禁門の変の際に放火され、「どんどん焼け」の出火元のひとつとなった。

川、東は鴨川までの二万七千軒を焼きつくす、京都の歴史のうえでも最大級の惨事を引き起こしたのである。

京都の中心部で遺跡の発掘をすると、最上層でまず当たるのが、「どんどん焼け」のときの堆積層である。京都文化博物館（中京区高倉通三条上ル東片町）の建設にともなう発掘調査をおこなった際、五〇メートル以上にわたって幅二メートル、深さ一・五メートルの巨大な堀状の穴を検出することができた。その中が真っ赤に焼けた瓦と壁土でぎっしりと埋めつくされていたのを見たとき、私は火焔の猛威に改めて圧倒されたことであった。

紅蓮の炎に焼きつくされる都、そして逃げま

京都西郊の樫原（かたぎはら）札の辻（西京区樫原秤谷町）にある長州藩兵の墓
山陰道を逃亡中、ここで殺害された。

どう民衆。その姿を見聞したとき、この戦の当事者たちは、はたして自分たちが引き起こしてしまった事の重大さを感じたであろうか。彼らは、かけがえのない価値をもつひとつの都市を壊滅させ、そこに住む人びとを地獄の苦しみに突き落としてしまったのである。もし私が幕末を題材としたテレビドラマの演出家であるならば、廃墟と化した都に立ちつくして慚愧の涙にくれる主人公の姿を描くところなのであるが、現実のドラマではそんなシーンはあまりないように思う。

ただ、ささやかな救いは、こうしたむごい仕打ちを受けたにもかかわらず、京都の人びとがこの戦争の当事者たちに恨みを抱くよりも、彼らに同情さえ寄せていたことだ。京都の各所には、逃げのびることができずに無念の死を遂げた長州藩士たちが手厚く葬られている。そうした墓に詣でるとき、私は幕末の京都の人びとの温情に触れ、なんとなくほっとした想いを味わうのである。

案内

鷹司邸跡：地下鉄烏丸線丸太町駅下車、東へ約600 m。市バス裁判所前下車、東北へ約100 m。京都御苑の芝生に木標が立つ。地図2

樫原札の辻の長州藩兵墓：阪急電車桂駅東口より京都交通バスで「三ノ宮」下車。または同駅西口より市バスで「三ノ宮街道」下車。両バス停から旧山陰街道をたどって約400 m。参拝自由。地図10

⑩ 人の住まない町——桑原町

京都の地名は複雑である。どこまでをひとつの地名と見るかはなかなかむずかしいが、今、試みに郵便番号を単位として見ると(高層ビルに郵便番号が振られているものは除く)、東京都区部は九七四、大阪市は六〇六、名古屋市は一五六八が数えられる。しかし、これが京都市では、なんと四〇二八という桁違いの数に達する。東京が人口九四〇万人、大阪が二七〇万人、名古屋が二三〇万人であるのに対して、京都は人口一四七万人であるのにこの数なのである。しかも、面積六二二平方キロメートルの東京、二二二

京都地方裁判所
正面の植え込みの部分が桑原町である。庁舎建物は桝屋町、四町目、菊屋町にまたがる。

平方キロメートルの大阪、三二六平方キロメートルの名古屋に対して、京都はわずか二一平方キロメートルにすぎない洛中の三区（上京区《かみぎょうく》・中京区《なかぎょうく》・下京区《しもぎょうく》）だけで一五九三もの地名がひしめき合っている。

かつての日本の都市は、どこも江戸時代以来の細やかな地名をたくさん残していた。しかし、昭和三十年代から四十年代にかけて「新住居表示」と称する地名改悪の嵐が吹き荒れ、歴史的な由緒ある地名は続々と消されていった。しかしそのなかで、どこ吹く風とばかりに地名変更に背を向け続けていた唯一の都市、そ

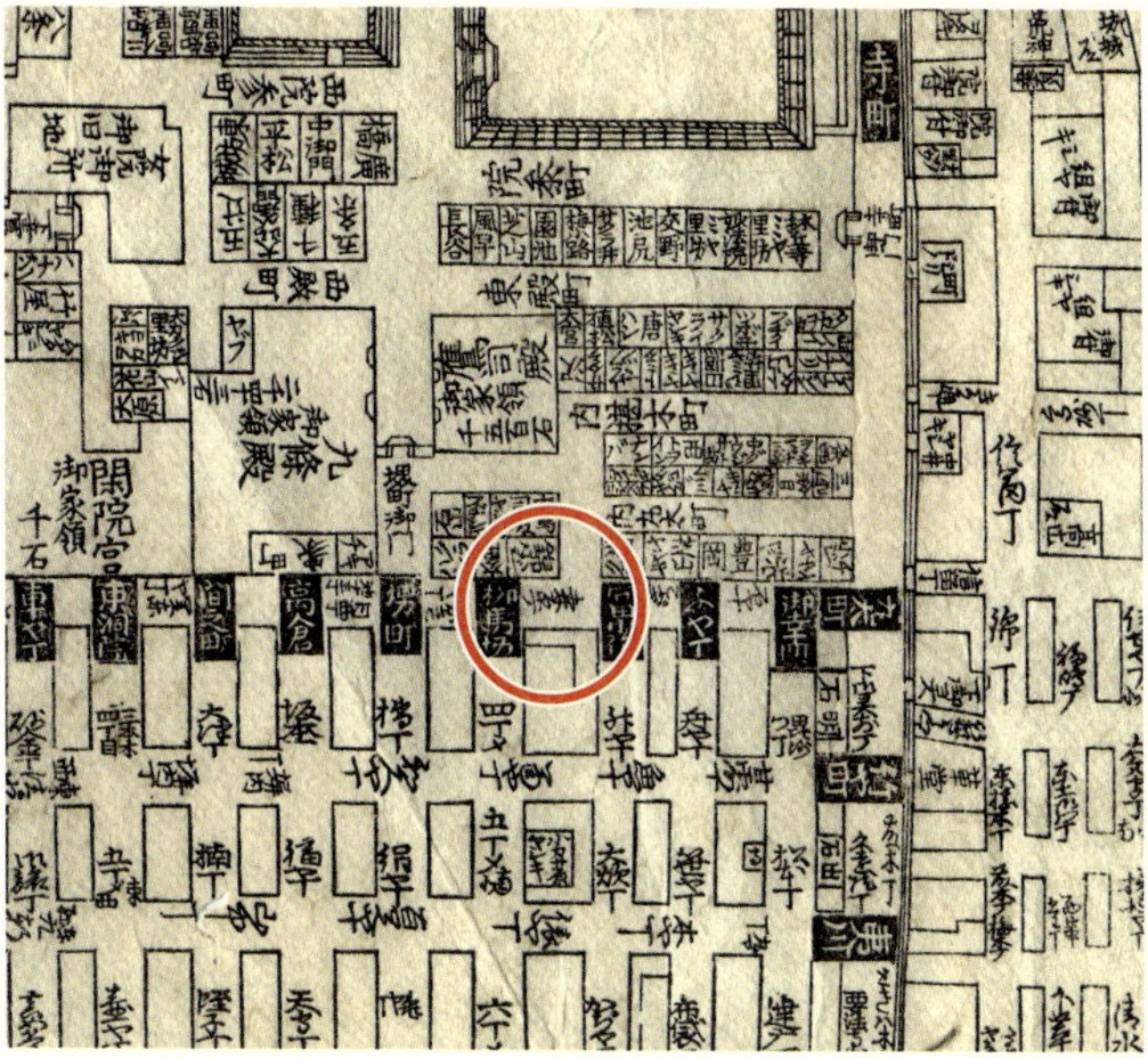

「京都図」（天保２年〈1831〉）に描かれた桑原町（円内）

れが京都なのである。

　こうした京都であるから、時にはおもしろいこともおこる。中京区丸太町通柳馬場《やなぎのばんば》東入ルに桑原町という町がある。しかし、この町には家は一軒もない。現在では全域が京都地方裁判所にとり込まれているのである。ここはもとは丸太町通を挟んで南北にまたがり、江戸時代初期には北側には土佐藩主山内一豊《やまうちかずとよ》夫人の見性院《けんしょういん》の邸宅もあった（中村武生氏に拠る）。それが、明治になって北半分が京都御苑に割譲されてしまい、桑原町は東西二八メートル、南北一六メートルというささやかな範囲だけが残された。そしてこのわずかな部分も裁判所に接収されてその前庭となり、ついには「人の住まない町」になってしまった。

　しかし、それにもかかわらず桑原町という町は今も厳然と存在しているし、〒六〇四―〇九七六という郵便番号まできちんともっている。小さくともなかなか大したものである。

案内
京都地方裁判所：地下鉄烏丸線丸太町駅下車、東へ約500m。または市バス「裁判所前」下車、すぐ。地図2

⑪ 天下の主にふさわしく拡大する御所――持明院御所跡

京都は日本史の主要舞台だったから、歴史のうえには京都の地名に由来する用語がたくさん現れる。しかし、なかには用語自体は有名なのに、その実際の場所はあまり知られていない、という事例もある。

たとえば、「持明院《じみょういん》」というのはどうであろう。鎌倉時代後期、天皇家は後深草天皇の子孫の持明院統と亀山天皇の子孫の大覚寺統のふたつに分裂し、皇位をめぐって陰惨な暗闘をくり

持明院御所跡
ここに建つ光照院は南北朝時代に創建された尼門跡寺院で、応仁の乱の後に持明院御所の跡地に移転してきた。

返す。鎌倉幕府が滅亡に追い込まれたのも、煎じ詰めるならばこの両統の紛争の巻き添えを食らったようなものである。近親憎悪ともいえるこの対立はついに、ふたりの天皇が併存する南北朝の動乱という異常事態を生み出すことになる。

このふたつの皇統のうち、後者の名祖《なおや》となった大覚寺は、嵯峨の名刹《めいさつ》として知られる著名寺院である。それでは、前者の由来である持明院とは、いったいどこにあったのだろうか。

鎌倉時代前期、平安京の北郊に守貞親王《もりさだ》（高倉天皇皇子。出家して行助法親王《ぎょうじょ》）という皇子が小さな御所を構えた。守貞親王は当代の後鳥羽天皇の異母兄ではあったが、権力の座からはまったく疎外されていた冷や飯食らいの一皇族にすぎなかった。しかし、晩年に

後高倉院太上天皇（守貞親王）と後堀河天皇（宮内庁本『天子摂関御影』〈宮内庁三の丸尚蔵館蔵〉に拠る。小松茂美編『続日本絵巻大成18』〈東京、中央公論社、1983年〉より転載）

いたってその運命は大きく変わった。治天《ちてん》の君であった後鳥羽上皇が承久《じょうきゅう》の乱によって失脚し、守貞親王の息子の茂仁王《とよひと》に皇位が転がり込んだのである（後堀河天皇）。こうして、新天皇の父としての親王も太上天皇《だいじょうてんのう》の尊号を受けて後高倉院と呼ばれるようになり、院政をおこなうようになった。これによって、持明院御所も天下の主にふさわしい姿へと大拡張されたのである。そして、この御所が後堀河天皇や後嵯峨法皇を経て後深草上皇に受け継がれたことから、後深草上皇の系統は持明院統と呼ばれるようになったのである。

京都の上京、同志社大学新町キャンパスのすぐ北側の住宅地に、光照院《こうしょういん》という寺院がある（上京区上立売通新町西入ル二筋目上ル安楽小路町）。この寺を中心とした一角が、鎌倉時代政治史の台風の目となった持明院御所の跡地である。観光地でないため目立たないけれども、中世の歴史に関心をもつ人は、ぜひこの場所を訪れてほしいと思う。

案内
持明院御所跡（光照院）：地下鉄烏丸線今出川駅下車、西北へ約 700 m。市バス「上京区総合庁舎前」下車、北へ約 500 m。光照院は境内参拝自由。地図2

⑫ 将軍御所の近くに遊女町——畠山図子

京都の歴史を学ぶ者にとって、『洛中洛外図屏風』をながめることほど楽しい時間はほかにない。繁栄を極める花の都と、その中で躍動する都市民たち。耳を澄ますと彼らの歓声さえも聞こえてきそうだ。『洛中洛外図屏風』を見ていると私は、いつの間にか自分自身もその中にのめり込んでいくような錯覚に陥ってしまう。

『洛中洛外図屏風』は公表されているだけで一一〇点以上が確認されており、実数はその数倍に達するだろう。ただし、その

現在の畠山図子
「図子（辻子〈ずし〉）」とは既存市街地の中に新しく開かれた小規模な道路のことである。

大半は江戸時代中・後期の製作で、表現がパターン化しているものがほとんどである。それにくらべると、戦国時代から江戸時代初期の品はひとつひとつが個性的で、美術品としてのみならず歴史学の資料としても重要だ。なかでも特に貴重なのは、戦国時代（十六世紀）の景観年代を示す「歴博《れきはく》（国立歴史民俗博物館）甲本（町田家本）」「東博《とうはく》（東京国立博物館）模本《もほん》」「歴博乙本（高橋家本）」「上杉家本」の四点である。

　上杉家本洛中洛外図屏風には、上京の「はたけ山のつし上ら（畠山図子女郎《はたけやまのずしじょうろう》）」、つまり畠山図子（上京区今出川通室町西入ル一筋目上ル畠山町）という場所にあった遊女町が描かれる。通りすがりに遊女をからかう男たち。なまめかしい女に誘われてふら

上杉家本『洛中洛外図屏風』（米沢市〈上杉博物館〉蔵）にみる畠山図子

ふらと家の中に入っていく、墨染の衣を着た僧侶。逃げようとする男を無理矢理に引っ張っている客引きの女もいる。都市の一瞬の風景を見事に切り取った絵師の力量には驚くほかない。

東博模本に「畠山殿」が描かれているとおり、畠山図子の場所はもともと室町幕府の有力守護大名である畠山氏の邸宅であった。ところが畠山氏は応仁・文明の乱での骨肉の争いのあげくに戦国時代には没落してしまい、その京都屋敷も荒廃してしまったのである。有力大名の邸宅跡が遊女町に変じるというのもおもしろいが、そこが足利将軍の花の御所からほんの一筋離れただけの場所だったというのも驚きである。中世京都の都市の中には、多種多様な要素が渾然《こんぜん》一体として溶け込んでいたのである。

案内

畠山図子：地下鉄烏丸線今出川駅下車、西へ約300m。上京区役所の東側の南北道路。なお、今出川通室町の東北角には「足利将軍室町第址」の石碑が立っている。2地図

⑬ 室町将軍の壮大な墓所
―相国寺慈照院と足利義政墓

中国を旅行すると、歴代王朝の皇帝陵の壮大さに目を奪われる。秦・漢の巨大な古墳や、山そのものを利用した唐の壮大な皇帝陵はいうにおよばない。新しい時代になっても、北京の郊外にある明《ミン》の歴代皇帝陵である「十三陵」が壮麗な地下宮殿によって見る人を驚かせている。それらにくらべると、わが国の王者の墓で多少とも自慢できるのは古墳時代の巨大前方後円墳くらいかもしれない。奈良時代以降の天皇陵は貧弱このうえないし、武家政権の首長たちの

相国寺慈照院

墓も簡素そのものである。

　相国寺の墓地には、鎌倉時代の歌人・藤原定家《さだいえ》の墓と江戸時代の画家・伊藤若冲《じゃくちゅう》の墓の間に挟まれて、室町幕府八代将軍足利義政の墓と伝えられる宝篋印塔《ほうきょういんとう》がある。もっとも、この石塔自体は江戸時代のもので、正確には供養塔と表現するのがふさわしいであろう。ただ、本来の義政の墓石もこのくらいの規模であったことは確実であり、それ自体はまったくかわいらしいものだといわねばなるまい。こんなのを見てしまうと、いくら対外的に「日本国王」を称していたとはいえ、室町将軍の権力に疑問を抱く人がでてくるかもしれない。

　しかし、そう即断するのは待ってほしい。たとえ墓石は小さくとも、室町幕府の将軍たちにはそれに

相国寺墓地にある足利義政供養塔

かわるものがあった。足利初代将軍尊氏の場合、彼の法号にちなむ等持院という寺院が衣笠山の麓に建てられている。三代将軍義満が相国寺を建ててからは、将軍が亡くなるたびに相国寺山内にその位牌を安置する塔頭《たっちゅう》寺院が営まれることが通例となった。これが「塔所《たっしょ》」または「菩提所」と呼ばれる寺院である。義政の場合も、相国寺塔頭の大徳院（応永三十五年〈一四二八〉創建）が延徳二年（一四九〇）の義政の薨去とともにその塔所に宛てられ、義政の法名である「慈照院道成《じしょういんどうせい》」にちなんで慈照院と改名した。そしてこの寺院で、亡き将軍の菩提が弔われ続けたのである。

いうなれば、こうした寺院は将軍の壮大な霊魂祭祀施設であった。つまり、将軍の墓所とは単なる墓石だけではなく、塔所寺院をもあわせた全体こそが真の姿であると評価するべきであろう。そうすると、わが中世の「日本国王」の墓は、実は想像以上の壮大なものであったといわなくてはならないのである。

案内
慈照院：地下鉄烏丸線今出川駅下車、北へ約 800 m。非公開寺院のため通常の公開はない。地図2
足利義政供養塔：地下鉄烏丸線今出川駅下車、東北へ約 700 m。相国寺境内西端の同寺墓地のなかにあり、左右には藤原定家供養塔と伊藤若冲墓が並ぶ。参拝自由。地図2

⑭ 悪左府頼長の塚——相国寺の桜塚

臨済宗の大本山である相国寺《しょうこくじ》の墓地の一角に、小さな五輪塔がひっそりとたたずんでいる。案内板がないので見逃してしまいがちであるが、その横の石碑の文字をたどると、これは「桜塚《さくらづか》」と呼ばれ、平安時代末期の保元の乱の主役のひとりで「悪左府（強い左大臣）」と呼ばれた藤原頼長《よりなが》の供養塔であることがわかる。

頼長は、摂政・関白を長くつとめた藤原忠実《ただざね》の子として生まれた。幼少から学問に励み、特に漢籍については比肩する者のない知識の持主となり、「日本一の大学生《だいがくしょう》（学者）」の名をほしいままにした（『愚管抄』）のも当然であった。忠実も頼長の才気を愛し、頼長は

相国寺の桜塚

父の庇護のもとで従一位左大臣にまで栄進する。ただ、頼長は自らの才能を過信するあまり、時に異常なほどの攻撃性をむき出しにし、多数の敵をつくる人物だった。このあたりが、伝統的な貴族教養の体現者であった兄の関白忠通《ただみち》と異なり、頼長が学識にもかかわらず今ひとつ世の敬愛を集められない原因となっていた。また、頼長は男色家としても知られていた。この当時には同性愛は珍しくないが、後世に残すための日記（『台記《たいき》』）に自らの性愛体験を喜々として書き連ねているというのはさすがに頼長ひとりである。

やがて頼長は、権力の座をめぐって兄の

白河北殿跡の顕彰碑
桜塚の旧地である京都大学熊野寮に立つ。

忠通と骨肉の争いをくり広げることになる。しかし、その結果は保元の乱を引き起こし、そのなかで頼長はみじめな敗死に追い込まれてしまったのである。

保元の乱の後、頼長の怨霊を恐れた朝廷は、乱の戦場となった白河北殿の跡地に頼長を祀る社を建てた。その建物は中世に廃絶してしまったが、明治になるまではその遺跡の伝承をもつ塚と五輪塔が残されていた(現、左京区東竹屋町の京都大学熊野寮構内)。しかし、明治四十年(一九〇七)に工場の建設によってこの塚は破壊され、五輪塔だけが相国寺に移されて現在にいたっているのである。

石塔だけでも残されたのは不幸中の幸いと言わなければならないであろうが、こうした遺品はもともとの地にあったならばその意味が倍増する。なんとか、旧地のあたりに戻してやる方策はないものであろうか。

案内

藤原頼長の桜塚：地下鉄烏丸線今出川駅下車、東北へ約 700 m。相国寺境内西端の同寺墓地の東端にある。参拝自由。隣接して、第13項で紹介した藤原定家、足利義政、伊藤若冲の墓がある。地図2

白河北殿跡：京都大学熊野寮（左京区東竹屋町）の東北角に顕彰碑がある。京阪電車神宮丸太町駅下車、東へ約 400 m。または市バス「熊野神社前」下車、西へ約 300 m。地図1

15 市民総出の労働奉仕――御霊神社の砂持図

　歴史のなかで大規模な事業のことが語られると、どうしても「強制労働」というようなイメージがつきまとう。権力者の身勝手な欲望によっておこなわれる無茶な工事。奴隷のように徴用される農民たち。過酷な労働と悲惨な待遇。民衆の不満は鬱積し、やがて一揆や内乱の勃発へとつながる。

　もちろんそうした無茶苦茶な大規模事業が多かったこともウソではないであろうが、そればかりで歴史を見ることは決して正しいとはいえない。京都の御霊《ごりょう》神社（上御霊神社）に所蔵さ

御霊神社所蔵の砂持図

れている一枚の板絵をながめてみよう。

現在は衝立《ついたて》に加工されているが、もとは絵馬堂にかかっていた絵馬である。そこに描かれたのは、思い思いの格好をした大勢の民衆が、旗指物や山車《だし》をかかげ、歌い踊りながら行進している様子である。これは、安政三年（一八五六）におこなわれた鴨川の浚渫《しゅんせつ》工事を描いたもので、同様の絵図は当時の印刷物としてもたくさん残っている。そこでは、京都の町ごとに多数の仮装や作り物を出して、競い合うように工事が進んでいた様子を見ることができる。

京都の市街地の真ん中を流れる鴨川は、しばしば氾濫して大きな被害をもたらした。独裁君主白河法皇の「思いのままにならぬものは、双六の

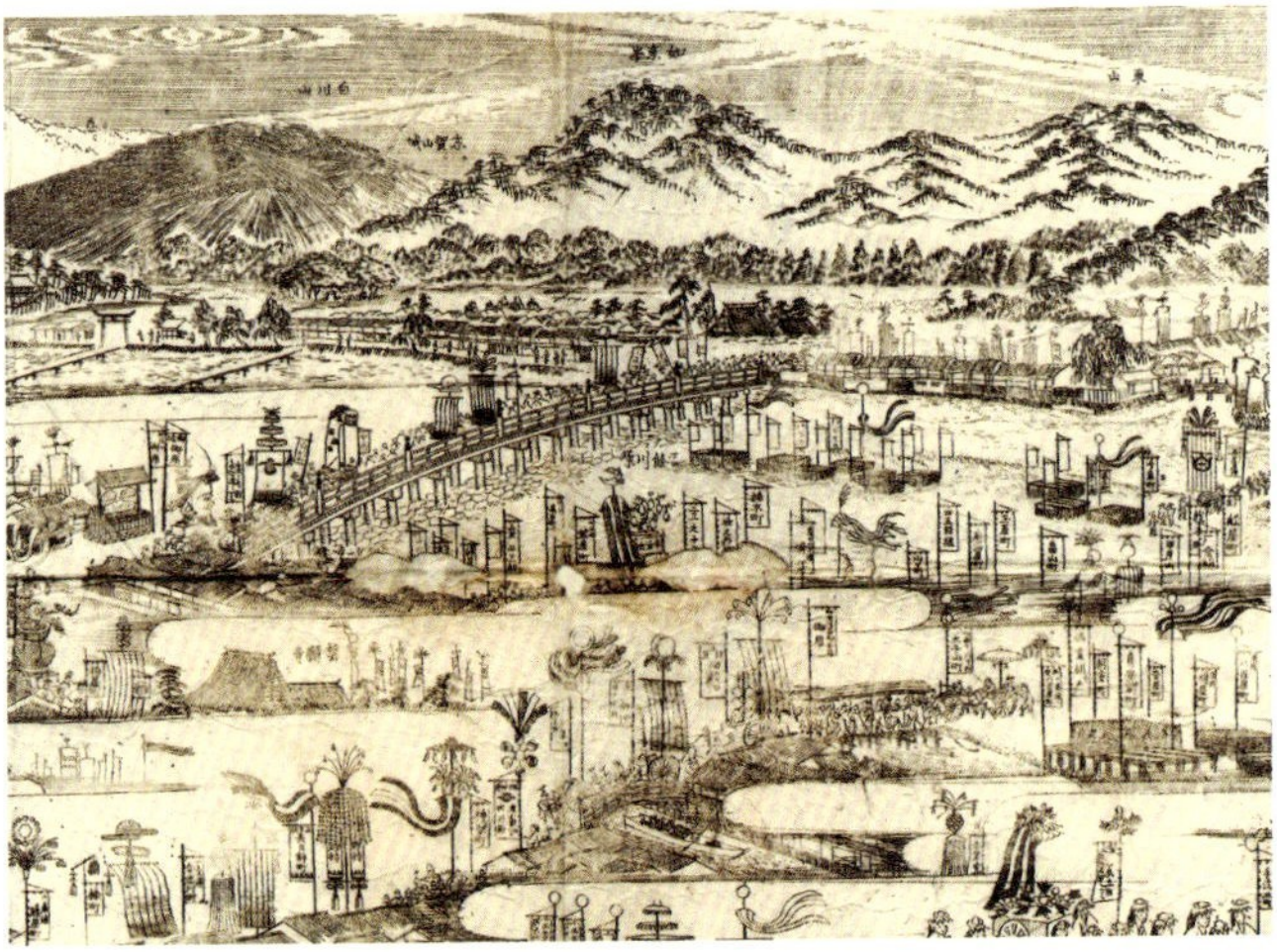
「砂持図」（部分、山田蔵）
安政３年刊行の銅版画

賽《さい》、叡山の山法師、そして鴨川の水だけだ」という「天下三不如意」の言葉（『平家物語』）はよく知られている。それほどに鴨川の洪水は京都の町を悩ませてきた。今の鴨川は清流が穏やかに流れるが、それでも雨の後には濁流が渦巻く暴れ川の素顔を垣間見せることがある。これを防ぐために、「砂持《すなもち》」と呼ばれる大規模な浚渫工事がおこなわれることとなり、その課役が京都の各町にかけられたのである。

しかし、町衆《ちょうしゅう》たちはこれを単なる苦役とは考えなかった。派手な装いを競いながら、いわば市民あげてのお祭り騒ぎのなかでこの難工事をなしとげたのである。鴨川の砂持を描いた絵図からは、工事がつつがなく終わったことの喜びと感謝がにじみ出てくるようだ。自分たちの町は自分たちで守る。京都町衆の心意気、まさにここにあり！

案内

御霊神社（上御霊神社）：地下鉄烏丸線鞍馬口駅下車、東南へ約200m。境内参拝自由。砂持図の板絵は社務所で保管されており、通常の公開はない。なお、神社の門の前には「応仁の乱勃発地」の石碑が立っている。地図2

⑯ 信長の本当の墓――阿弥陀寺

歴史上の有名人の史跡を訪ねるとき、その人物の「墓」が複数あって驚くことがある。織田信長などはその最たるものだ。信長の墓は、京都だけでも阿弥陀寺、本能寺、大雲院、大徳寺総見院、妙心寺玉鳳院《ぎょくほういん》、聖隣寺（亀岡市）にある。その他、静岡県、愛知県、岐阜県、富山県、滋賀県、大阪府、和歌山県、熊本県にも信長の墓があるという。

現代の我々は、「墓」というとその人物の遺体や遺骨が納められているところだという認識がある。しかし、かつては故人にゆかりをもつ人物が建てた「供養塔」とか「廟」と呼ばれるものがあり、そこには遺体

阿弥陀寺の織田信長・信忠墓

や遺骨の存在は必要条件ではなかった。そして、こうした供養塔も広義の意味では「墓」と呼ばれることがあったのである。

信長の複数の「墓」の由来を見てみよう。

本能寺はいうまでもなく信長が殺害された「本能寺の変」の舞台である。明智光秀が滅んだ直後、信長の三男の信孝《のぶたか》が本能寺に信長廟の建立を命じており、そこには信長の遺品が納められた。大徳寺総見院は、秀吉が信長の菩提所として建立したもので、秀吉はここで大々的に信長の葬儀をおこなった。信長の遺体がなかったため、そのかわりとして香木で作った信長像を使ったという。大雲院は、本能寺の変の際に信長の嫡男の信忠が戦死した二条

阿弥陀寺
本能寺の変の時には上京区上立売通大宮東入ル阿弥陀寺町のあたりに存在したが、後、豊臣秀吉の都市改造によって寺町に移った。

殿（現、京都国際マンガミュージアム付近）の跡に、信長・信忠の菩提を弔うために建てられた寺院である。妙心寺玉鳳院と聖隣寺はそれぞれ、織田家の有力大名の滝川一益《いちます》、信長の子で秀吉の養子だった秀勝が信長の供養をおこなったところだという。

本能寺の変の際に信長の遺体がどうなったかはよくわからないのであるが、彼の本当の墓に近いものといえば、阿弥陀寺のものがあげられよう。この寺の開祖の清玉《せいぎょく》上人がいちはやく本能寺の焼け跡に駆けつけ、供養をおこなったと伝えられている。この所伝を疑う説もあるが、本能寺の変の直後の七月には阿弥陀寺に信長墓が設置されていることが確認できる（『言経卿記《ときつねきょうき》』）から、伝承に一定の信頼性はあると思う。墓前に、信長の三回忌に建てられた石灯籠が残されているのも興味を引く。現在の阿弥陀寺の静かなたたずまいは、波瀾万丈の生涯を送った信長の永遠の眠りの地としては、かえってふさわしいのかもしれない。

案内
阿弥陀寺：地下鉄烏丸線鞍馬口駅下車、東南へ約800ｍ。加茂街道（賀茂川の西沿いの道）経由の市バスならば「出雲路俵町」下車、西南へ約300ｍ。河原町通経由の市バスの場合には「葵橋西詰」下車、西北へ約600ｍ。参拝自由。地図2

⑰ 北陸から渡ってきた墓石——本満寺の蓮乗院霊廟

福井市の中心にそびえる足羽山《あすわやま》は、古くから良質の石材の産地として知られてきた。火山灰が堆積した凝灰岩で、通称を「笏谷石《しゃくだにいし》」と言っている。古くは古墳時代の古墳の石棺に用いられたし、また福井城や丸岡城などの城館や、北陸各地の寺院の屋根にも笏谷石製の瓦が葺かれている。一乗谷朝倉氏遺跡や柴田勝家の北之庄城跡では、発掘調査によって同様の瓦がたくさん出土している。越前福井を中心として、笏谷石の文化は広く深く

本満寺の結城秀康室蓮乗院の霊廟
2013年、京都府文化財に指定された。

浸透していたのである。

　京都では、寺町今出川の日蓮宗の大本山・本満寺の本堂の前に、笏谷石製の立派な祠と墓石がある。これは越前福井藩主・結城《ゆうき》秀康《ひでやす》（松平秀康）の正室・蓮乗院《れんじょういん》鶴姫の霊廟である。以前は墓地の中にあってかなり傷んでいたが、近年修復されて製作当初の美しさをとり戻したのはうれしい。笏谷石で厨子状の廟室を造り、中には同じく笏谷石製の宝篋印塔《ほうきょういんとう》（元和七年〈一六二一〉製）をおさめている。近畿地方ではめずらしい石造の小建造物であり、つややかな青い石の肌と、きめ細やかな彫刻が美しい。

蓮乗院廟内部の宝篋印塔
なお、蓮乗院鶴姫は秀康の薨後、権大納言烏丸光広と再婚して男児をもうけた。

鶴姫の夫である秀康は、徳川家康の次男として生まれながら羽柴（豊臣）秀吉の養子に出され、さらに転じて関東の名族・結城氏の養子となった。このとき、秀康は結城晴朝《はるとも》の養女である鶴姫と結婚したのであった。秀康は江戸幕府成立後は越前松平藩初代として福井に封ぜられ、七五万石を領する大々名となった。高野山（和歌山県）には秀康とその母の霊廟があるが、これも笏谷石で造られている。また、加賀藩主前田家も笏谷石を愛好し、前田家ゆかりの寺院にはこの石で造られた霊廟や墓石が多数残されている。

江戸時代の笏谷石の製品の分布は、福井を中心とする北陸地方、京都・坂本・安土・高野山などの近畿圏、名古屋をはじめとする尾張美濃地域、さらには東北地方の日本海側から北海道南部にまで広がっている。これは、日本海の海運を担った北前船の交易にともなって各地に運ばれていったものであった。北前船にとっても笏谷石は、往路では船体安定用のバラスのかわりとなり、目的地に着くと売り払って積荷に換えることができるという、まさに一挙両得の役割を果たしていたのである。

案内

本満寺：河原町通経由の市バスで「葵橋西詰」下車、西北へ約 300 m。または京阪電車・叡山電鉄出町柳駅下車、西北へ約 700 m。参拝自由。地図2

⑱ 平安京の境界祭祀 ―出雲路幸神社

古来、わが国では東北の方角を「鬼門」という。人びとは、この方角から悪い鬼が出入りすると信じたのである。京都では、都の東北方にそびえる比叡山の延暦寺や、その麓にある赤山禅院《せきざんぜんいん》（左京区修学院開根坊町）といった寺院が鬼門除けの役割を担ってきた。

京都の市中には、出雲路幸神社（上京区寺町通今出川上ル西入ル幸神町）という神社がある。京都御所の東北にあり、その鬼門を守る神として崇拝されてきた社である。「幸神社」は「こうじんじゃ」ではなく「さいのかみのやしろ」と訓《よ》む。サイの神（塞

出雲路幸神社

の神）は道祖神の別名。村や町の境界に立って、悪神が入ってくるのを防いでくれるという。

平安時代、平安京の四隅では「四角《しかく》四界祭《しかいさい》」と呼ばれる祭がおこなわれていた（『延喜式』）。「石清水八幡宮の青山祭《やまさい》」（下巻・第151項）でも触れるように、京の境界にあたる場所で祭祀をおこなうことによって都市全体を見えないバリアーで包み込み、疫神《えきじん》などの悪い神の侵入を防ごうというのである。平安京は城壁をもたない無防備な都市であったが、目に見えない外敵に対しては祭祀による堅固な防衛ライン

出雲路幸神社内の道祖神神石と疫神社

をもっていたのである。

幸神社が所在するこの付近は、もともとの平安京でいうとちょうど東北角の外側にあたっている。幸神社の正面に続く梨木《なしのき》通が、かつての平安京の東端である東京極大路の延長ラインの名残なのである。平安京の四隅でおこなわれていた疫神祭である四角四界祭が度重なるうちに、いつしかその場所に常設の神社が生み出されることになったと推定したい。

幸神社の中には、今も疫神社の祠が祭られている。鬼門から入ってくるさまざまな鬼や悪神のなかでも、疫神こそはもっとも恐れられた神であった。このささやかな祠は、疫神をなだめ、その暴威が都に侵入するのを食い止めるという重大な使命を帯びていたのである。この小さな神社こそ、平安京の境界祭祀の伝統の後継者なのである。

案内
出雲路幸神社：市バス「河原町今出川」下車、西北へ約500m。または京阪電車・叡山電鉄出町柳駅下車、西へ約700m。境内参拝自由。地図2

19 都をのみ込んだ劫火
――清浄華院の天明大火横死者供養塔

京都御苑（御所）の東側を区切るのが寺町通である。豊臣秀吉の都市改造によって寺院街となった場所で、今も多くの寺が立ち並んでいる。そのうちのひとつに、浄土宗の大本山の清浄華院《しょうじょうけいいん》（浄華院）がある（上京区寺町通広小路上ル北之辺町）。境内に足を踏み入れて本堂の前に立つと、そこに形のいい五輪塔と方形の石碑が立っているのに気がつく。京都を襲った最大の火災であった「天明大火」の死者

天明大火横死者供養塔
五輪塔の地輪には「焼亡横死百五十人之墓」と刻まれている。

の供養塔と鎮魂碑である。

天明八年（一七八八）正月三十日の早朝、鴨川東岸にある団栗《どんぐり》図子《ずし》で小さな火事騒ぎがあった。現在でも四条大橋の一本南側に団栗橋という橋が架かっているが、その東詰あたりが出火元である。京都市街の中心である下京から見ると、火事の場所はちょうど鴨川の東側にあたっており、最初は言葉どおりの「対岸の火事」であった。ところが、空気が乾燥する時期であったことに加えて、折り悪しく東南方向からの強風が吹き付けていたことが運命を暗転させた。猛風にあおられた火の粉は鴨川の上を走り抜けて寺町通の寺院に燃え移り、たちまちのうちに京都の市街地のほとんどを嘗《な》め尽くしたのである。その被害は、少なくとも

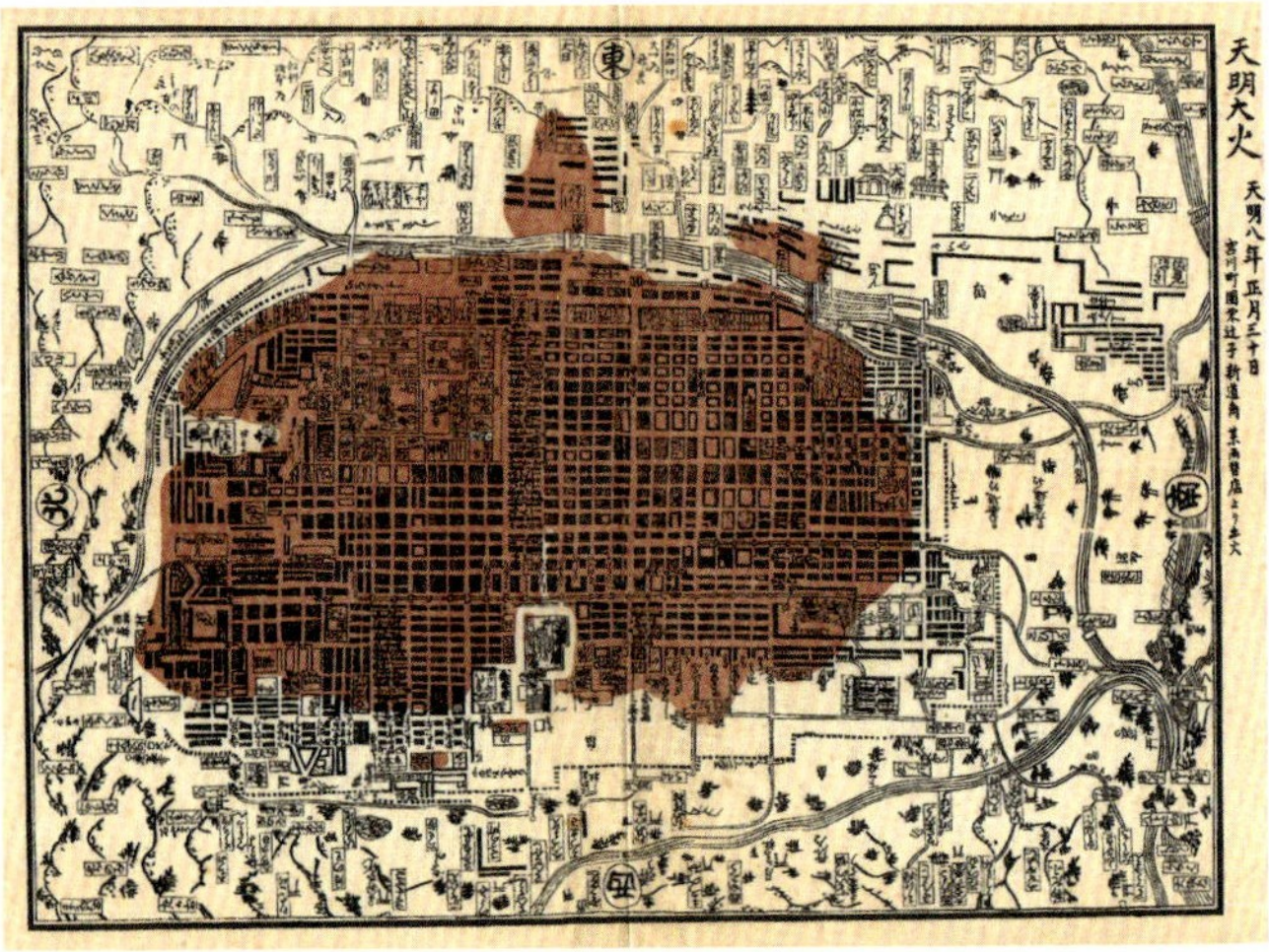

「天明の大火」の瓦版（同志社女子大学蔵）

焼失地域が一四二四町、焼失家屋三万六七九七軒、焼失寺院二〇一、焼失神社三七におよんだという。死者については一五〇人とも千八百有余人ともいわれているが、よくわからない。

近世史研究者の伊東宗裕《むねひろ》氏によると、大火の直後に赴任した京都所司代松平和泉守乗完《のりさだ》(三河国西尾藩主)と京都町奉行所からの指示により、清浄華院で鎮魂の大施餓鬼《だいせがき》法要がおこなわれた。そして、同寺の五十五世住職であった聖道《せいどう》大和尚が建立したのが、この供養碑と鎮魂碑であった。

火災を完璧に防ぐことは不可能なのであろうが、それでも火事に対する備えを欠かすわけにはいかない。私たちは清浄華院のこの石塔の前に立ち、そこに込められた先人たちの慟哭に想いを馳せるとともに、改めて防火への決意を固めていかなければならないであろう。

案内

清浄華院:市バス「京都府立大学附属病院前」下車、東北へ約400m。または京阪電車・叡山電鉄出町柳駅下車、西南へ約900m。参拝自由。地図2

20 安兵衛さんの御遺言 ── 清荒神護浄院の石碑

史跡を訪ねて、そこになんらかの標示も見られない場合はいささか拍子抜けがする。せめて石碑の一本や説明板の一枚でも建てられているならば、史跡めぐりの興味も倍増するのであるが。

京都市内や南山城の各地を歩くと、あちらこちらの史跡に古い石碑が建っているのに出くわす。そんな石碑に出会った場合、碑の裏面をながめてみよう。おそらくかなりの確率で、「依三宅安兵衛遺志建之《みやけやすべえいしによりこれをたつ》」という文字を確認することができるだろう。これらの石碑

清荒神護浄院の三宅安兵衛遺志碑

は、京都の商人であった三宅安兵衛（一八四二～一九二〇）の遺言にもとづいて建てられたものなのである。

安兵衛は福井県の小浜に生まれ、京都で織物商として成功した人物である。晩年に至って彼は、長男の清治郎《せいじろう》（一八七二～一九四〇）に一万円という多額の現金（現在に換算すると約五千万円）を託し、「京都のため公利公益の事に使用せよ」と遺言した。そして安兵衛の死後、清治郎は父が史跡めぐりを趣味としていたことを思い起こし、京都府内の史跡に顕彰のための石碑をつぎつぎと建立していったので

清荒神護浄院の石碑の裏面
「三宅安兵衛遺志」と刻まれている。

ある。この事業のために清治郎は父の遺産に私費で一万円を加えたというから、現在の貨幣価値に換算すると合計一億円という基金を設けた大事業だったことになる。建てられた石碑の数は四百基近くにおよんだという。

中村武生《たけお》氏によると、三宅安兵衛遺志の石碑のうち現在確認できるものは二三七基、そのうち八五基が現在の京都市域に所在しているという。ここではそのなかから、荒神口通河原町の護浄院《ごじょういん》のものをとりあげておこう。後小松天皇の勅によって創建されたと伝える寺で、一般には「清荒神《きよしこうじん》」の名で知られている。本尊として、光仁天皇皇子開成《かいじょう》皇子の作と伝える荒神像を祀っている。護浄院の三宅碑はその山門前に建てられ、寺の来歴までも書き込んだ立派なものである。

私たちは京都の史跡を訪ねる際、今も清治郎が建てた三宅安兵衛遺志碑の恩恵を受けている。この石碑があったおかげで保存されてきた史跡も多い。その意味で、三宅家の文化財顕彰と保護に関する偉業は現在も燦然と輝き続けているのである。

案内

清荒神護浄院：市バス「荒神口」下車、西へ約100m。または京阪電車神宮丸太町駅下車、西北へ約700m。参拝自由。地図2

㉑ 女子教育の先駆 ―― 京都府立鴨沂高等学校

御所（京都御苑）の東側の寺町通の一角に、まるでお寺かと見まがうような立派な和風の門を構えた学校がある。京都府立鴨沂《おうき》高等学校（上京区寺町通荒神口下ル松蔭町）である。明治五年（一八七二）に開設された「京都新英学校及京都女紅場《にょこうば》」を発祥とし、のちに京都府女学校、京都府高等女学校、京都府立第一高等女学校、京都府立京都第一高等女学校などと改称しながら現在に至った伝統ある学校である。

開校当初の京都新英学校及京都女紅場は、鴨川沿いの元の九条家の河原御殿の施設を転用しており、鴨川の丸太町橋の西南詰にその跡地を示す顕彰碑が立って

鴨沂高校正門
昭和23年（1948）に男女共学となった。

いる。その後、京都府高等女学校と改称したこの学校は、明治三十三年（一九〇〇）に寺町荒神口の現地に移転した。鴨沂高等学校に残る重厚な正門は、その際に移築された京都新英学校及女紅場の門なのである。

明治維新後の日本は国民の教育に力を注いだ。そして、それまでややもするとおざなりにされてきた女子教育の必要性が叫ばれることになった。そうした主張が実を結び、明治五年（一八七二）に相継いで開校した女子の中等教育機関が、京都新英学校及京都女紅場と東京の「官立女学校（後、

鴨川の側にたつ女紅場址の石碑（九条家河原御殿跡）

官立東京女学校)」であった。京都は東京と並んで女子教育の先進地であったのである。

ところで、「女紅場」というのはいささか聞き慣れない名称である。これは本来的には若い女性に対して読み書き算盤、手芸、裁縫といった実用の技術を教える初等教育施設のことであった。中等教育機関である京都の女学校が「京都新英学校及京都女紅場」という複合名称をもっていたのは、新英学校では英語、女紅場では技芸を教授するという意味であった。

京都新英学校及京都女紅場の開設から数年後の明治九年(一八七六)、新島襄が創設した学校である同志社に「女子塾」が設置された。これが、現在私が勤務している同志社女子大学の淵源である。私は女子大学に勤める者のひとりとして、女性教育の先駆となった京都新英学校及京都女紅場の歴史を感慨深くながめている。

案内

京都府立鴨沂高等学校：市バス「荒神口」下車、西へ約 300 m。または京阪電車神宮丸太町駅下車、西北へ約 800 m。地図2

女紅場址石碑：丸太町通の鴨川傍に立つ。市バス「河原町丸太町」下車、東へ約 200 m。または京阪電車神宮丸太町駅下車、西へ約 200 m。地図2

㉒ 葵祭とその警備——東京極大路

毎年五月十五日は、上賀茂神社（賀茂別雷《わけいかづち》神社）と下鴨神社（賀茂御祖《みおや》神社）の例祭である葵祭の日だ。古くは賀茂祭と呼ばれ、平安京における最重要の祭礼であった。他とちょっと違うのは、たいていの祭は神様が主役なのに対して、葵祭では神社は受身である。葵祭はあくまで、天皇の使者である勅使（現在では勅使代《ちょくしだい》）が賀茂両社に参拝する儀式なのである。

葵祭の行列の順序を眺めていて、おもしろいことに気がついた。行列の前から二番目には検非違使尉《けびいしのじょう》と検非違使志《さかん》が歩み、そのあとに「山城使《やましろのつかい》」が続く。

丸太町通と寺町通の交差点付近での葵祭
後方の森は京都御苑。

検非違使は今でいう警視庁と裁判所を兼ねた首都の治安維持の機関であり、尉と志はその三等官と四等官である。山城使は山城国の次官の山城介《すけ》であり、いわば京都府の副知事といった職掌の人物である。

それではなぜ、警察である検非違使と、山城国の行政官である国司の両方が葵祭に供奉するのであろうか。行列が出発する御所は平安京の中にあるから、その場所の警護は当然のことながら平安京の「首都警察」である検非違使の担当である。しかし、目的地である賀茂両社は平安京の外側の山城国に所在しており、そこでは警備の責任はおのずから山城国司に移ることになる。こんな細かいところまでもがきっちりと意識されているのは、

葵祭の斎王代

さすがは葵祭といわねばなるまい。

　そこで、葵祭の行列を京都御苑の東南角にあたる丸太町通と寺町通の交差点からながめることにした。現在の寺町通は、ほぼ平安京の東端の東京極大路にあたっているから、ここが平安京と山城国の境界だということになる。行列がこのラインを越える。検非違使のおふたりはどうもご苦労様でした。次は山城介、ここからはあなたのお役目です。そして、飾馬《かざりうま》にまたがる勅使代（近衛使《このえのつかい》）が威風堂々と通り過ぎ、その後、もうひとりの主役である斎王代が平安京から山城国に入る。

　同じ祭の行列を見学するのでも、こんなことを意識しておくならば、通例とはちょっと違った姿が見えてくるであろう。こんな楽しみ方もあると思うのだが、どうだろうか。

案内

寺町丸太町交差点：現在の寺町通は、ほぼ平安京の東端である東京極大路にあたっている。市バス「河原町丸太町」下車、西へ約100m。京阪電車神宮丸太町駅下車、西へ約500m。地下鉄烏丸線丸太町駅下車、東へ約800m。地図2

下鴨神社：第39項参照。地図2

上賀茂神社：市バス「上賀茂神社前」下車、すぐ。

㉓ テロに倒れた政治思想家——横井小楠殉節地

日本史のなかで、最も人気の高い人物のひとりが坂本龍馬である。慶応三年（一八六七）、龍馬は明治維新の実現を見ずに暗殺されるが、その直前に「新政府綱領《こうりょう》八策《はっさく》」を提示した。このなかに龍馬の考えた新しい国家体制の骨子が凝縮されていることに疑いはない。なお、有名な「船中八策《せんちゅうはっさく》」については、近年では龍馬の作ではないとす

「横井小楠殉節地」石碑

る説が強い。

龍馬の考えに原型を与えたのが、熊本生まれの横井小楠《しょうなん》（平四郎）（一八〇九～一八六九）であった。龍馬は何度も小楠のもとを訪れて教えを受け、そこから大きな影響を受けていたのである。小楠が福井藩主松平春嶽《しゅんがく》（慶永）に提言した「国是《こくぜ》七条」には、大政奉還、参勤交代の停止、身分にとらわれない人材登用、広い範囲からの意見集約、軍備増強、政府による統制貿易の実現など、明治維新のバックグラウンドとなった思想が全面的に展開されている。小楠の政治思想は、他の追随を許さない未来志向に満ちたものだったのである。

中京区寺町通丸太町下ルの下御霊神社の門前の歩道に「横井小楠殉節地《じゅんせつのち》」の石碑が建っている。明治維

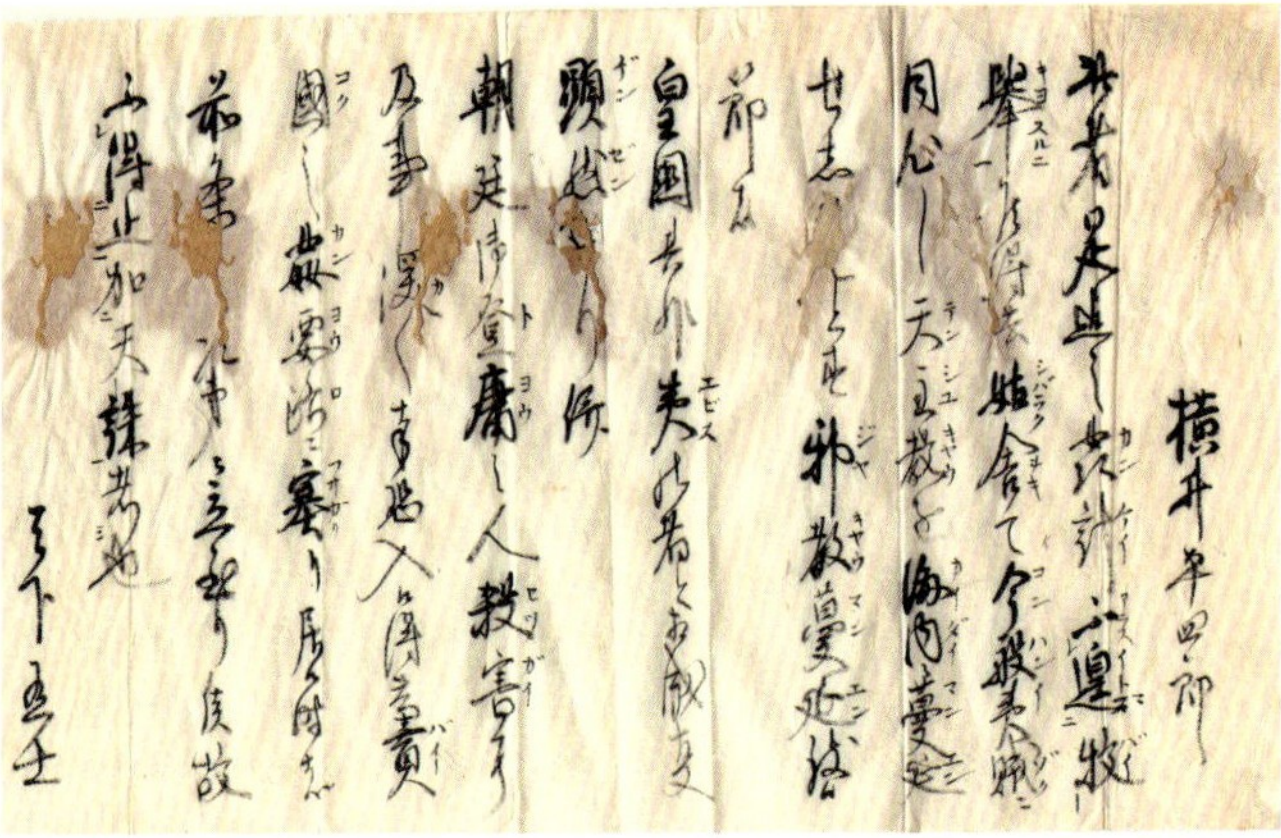
横井平四郎

横井小楠への「斬奸状」の写し（山田蔵）
犯人は「天下憂士」を名乗っている。

新後、小楠はその思想を高く評価する岩倉具視《ともみ》の招聘《しょうへい》に応じて上洛し、新政府の高官である議政官《ぎせいかん》参与に就任した。しかしそれもつかの間、明治二年（一八六九）一月五日、参内からの帰途にあった小楠は、この場所で大和国十津川の郷士《ごうし》によって暗殺されてしまったのである。

小楠に対する「斬奸状《ざんかんじょう》」、つまり殺害犯人の犯行声明文が残されている。それを見ると、犯人は小楠が「今般夷賊《いぞく》ニ同心し天主教《てんしゅきょう》を海内ニ蔓延《まんえん》」、つまり外国人と結託して日本を邪教である天主教（キリスト教）の支配下におこうとしている「売国ノ姦」であると非難し、それを殺害の理由にあげている。しかし実際には小楠は儒学者であって、キリスト教に理解は示したものの決してその信奉者などではなかった。小楠はこうして理不尽なテロに倒れたが、その思想は確かに明治の新しい時代を切り開いていったのである。

案内

横井小楠殉節地石碑：市バス「河原町丸太町」下車、西へ約100m。京阪電車神宮丸太町駅下車、西へ約500m。地下鉄烏丸線丸太町駅下車、東へ約800m。地図2

㉔ 神社の御供所の大釜――北野天満宮の竈社

古代や中世は、現在の我々からすると考えられないくらい、神や仏の力が大きい時代であった。人びとは、あらゆるところに神仏の存在を意識し、その影響の下に生きていたのである。したがって、神仏に奉仕し、人びとと神仏の間を仲介する宗教施設もまた、巨大な組織にふくれ上がっていた。古代・中世の寺社は、宗教施設であるばかりか、政治・経済・文化などあらゆる面でのセンターであり続けたのである。

現在では学問と受験の神様として知られている北野天満宮（北野社、北野天神）（上京区馬喰町）は、もともとは政争に敗れて配所で失意のうちに生涯を閉じ

北野天満宮の竈社
御祭神は家庭の守護神とされている庭津彦神（にわつひこのかみ）、庭津姫神（にわつひめのかみ）と、火を司る神である火産霊神（ほむすびのかみ）であり、あわせて台所や竈の守護神とされている。

た菅原道真の魂を慰めるための小さな神社であった。ところが、その後にさまざまな天災が生じ、それらが道真の祟りであると信じられたことから、北野社もまた巨大な宗教施設へと拡大していくことになる。

北野天満宮の東門を入ったところに、竈社《かまどしゃ》と呼ばれている小さな祠が祀られている。おもしろいことに、建物の下部の隙間から祠の床下をのぞくと、そこに大きな鉄釜が安置されているのが見える。直径は五〇センチもあろうか。正

北野天満宮竈社の扁額

確なところは知らないが、この大きさからいくと百人分くらいの御飯ならば軽々と炊きあげることができるだろう。この祠はもともと、北野社で神に供える食物を調理する御供所《ごくしょ》に祀られていたというから、釜もそこで実際に使われていたものだと思う。

北野社の御供所は慶長十二年（一六〇七）の豊臣秀頼による北野社再建の際に整備されているし、竈社らしい建物は『都名所図会』にも描かれているから、この釜はおそくとも江戸時代初期、場合によっては中世に遡る遺品であると考えてよいであろう。

北野社にはこうした大きな釜がいくつも設置され、神様への供物や、神に奉仕する人びとの食事を整えるためにフル稼働していたのであろう。古代や中世の北野社の繁栄に想いを馳せるとき、これらの大釜から休む間もなく炊煙が立ち昇っていたありさまが目に浮かんでくるのである。

案内
北野天満宮：市バス「北野天満宮前」下車、すぐ。または京福電鉄北野線北野白梅町駅下車、東へ約500ｍ。参拝自由。宝物殿は毎月25日、4月10日～5月30日などに開館（拝観料が必要）。地図3

㉕ 野見宿禰と菅原道真——北野天満宮の野見宿禰神社

日本神話には、ちょっと変わった、しかし魅力的な人物が登場する。第十一代の垂仁《すいにん》天皇の時代の人で、出雲生まれの野見宿禰《のみのすくね》もそのひとりである。伝えによると、大和国葛城郡（現・奈良県葛城市）に当麻蹶速《たいまのけはや》という怪力無双の人物がいた。しかし、彼に勝負をいどんだ野見宿禰は、あっという間もなく蹶速を踏み殺してしまう。これが相撲の始まりとなる。また、野見宿禰は土で人形を作り、それを天皇に献上して残酷な殉死の代用にすることを提案した。これが埴輪の起源だという。

北野天満宮の野見宿禰神社
豊臣秀吉を祀る豊国神社、境内の松の神霊を祀る一夜松神社と同殿である。

もちろんこれは神話であって史実とは認められないだろう。埴輪の起源にしても、考古学的にみると最初に登場する埴輪は円筒埴輪であり、人物埴輪の出現はかなり遅れるのである。

古墳時代において、野見宿禰の子孫を称する氏族が土師《はじ》氏だった。彼らは葬送儀礼、古墳築造、埴輪生産などの技術でヤマト政権に奉仕した。野見宿禰についての説話は、土師氏の人びとが祖先の顕彰と自らの職務の正統性の顕示のために作り上げた伝説だったと考えられている。

京都にも、野見宿禰を祀るところがある。菅原道真を祀る北野天満宮の境内にある野見宿禰神社がそれである。学問の神様である菅原道真と野見宿禰というのは不思議な取り合わせに見

北野天満宮の野見宿禰神社

えるが、実は道真は野見宿禰の末裔なのである。古墳の時代が終わって葬送専門家としての地位をおびやかされた土師氏は、新たな道を求めて転身を図った。そのなかで、大和の菅原（奈良市）を本拠としていた一派が菅原氏を名乗り、学問の家という新たな家格を確立することになったのである。

しかし、道真は右大臣にまで昇りながらも政争に敗れ、大宰府に配流されることになる。彼はその旅の途上、河内国の道明寺《どうみょうじ》（大阪府羽曳野市）に住む伯母の覚寿尼《かくじゅに》を訪ね、愛用していた中国製青白磁の硯などの品々（道明寺天満宮蔵、国宝）を残した。河内といえば古代の土師氏の本拠地のひとつであり、土師氏が造営にかかわった巨大古墳が群在している。過去の土師氏の栄光を物語る記念物を目にしたとき、失意の道真の胸中には、遠い祖先である野見宿禰の幻影がよぎっていたかもしれない。

案内

北野天満宮の野見宿禰神社：市バス「北野天満宮前」下車。または京福電鉄北野線北野白梅町駅下車、東へ約500m。北野天満宮本殿の西側。参拝自由。地図3

㉖ 中世京都の巨大建築――北野の経王堂

京都の歴史において、都のシンボルとなるような巨大建築の建設にあけくれた時代がある。建築マニアの白河法皇や後白河法皇が君臨した平安時代後期や、派手好きの豊臣秀吉の時代はその例であろう。さらに巨大建築の時代を加えるならば、足利第三代将軍義満が栄華を誇った室町時代前期をあげることができるだろう。彼が建立した相国寺や北山殿には、高さ一〇九メートルの七重塔がそびえたっていた。これらは、前近代の日本における最大の高層建築だった。

義満が建てたもうひとつの巨大建築として、北野の経王堂《きょうおうどう》（経堂）がある。正式名称を願成就寺《がんじょうじゅじ》といい、明徳の乱（明徳二年〈一三九一〉）によって義満に滅ぼされた山名氏清《うじきよ》とその一族の

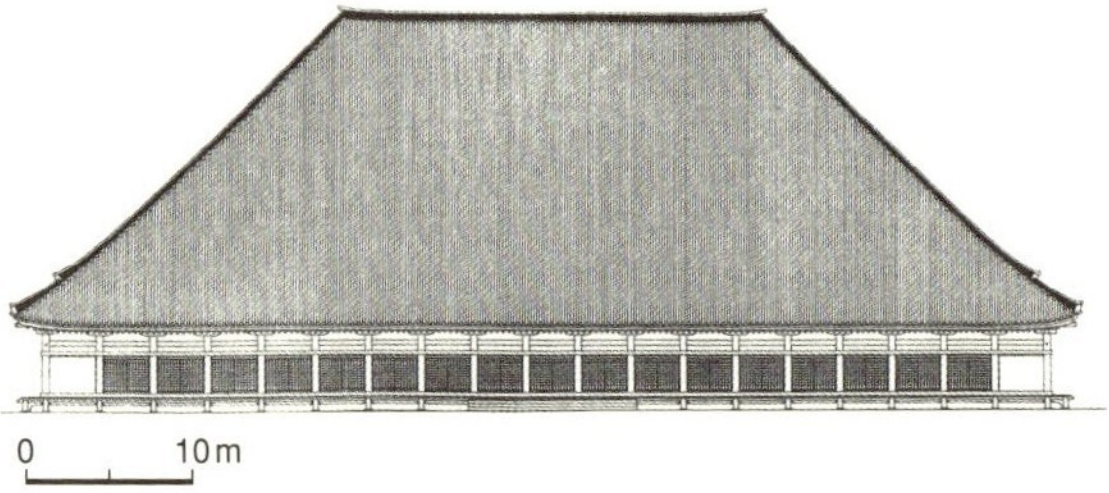

豊臣秀頼再建の北野経王堂の復元図（京都府教育庁『国宝大報恩寺本堂修理工事報告書』に拠る）

菩提を弔うために建てられたものである。もとは明徳の乱の戦場の内野《うちの》（平安京大内裏の跡地）にあったが、応永八年（一四〇一）に北野社（北野天満宮）の鳥居の南方に移された。その建物には三三〇人もの人びとが一堂に会することができたという。慶長十一年（一六〇六）には豊臣秀頼の援助で大修理が施されたものの、あまりの巨大さに持ちこたえられなくなり、寛文十年（一六七〇）には惜しくも解体されてしまった。そして、その部材は近隣の千本釈迦堂（大報恩寺〈上京区溝前町〉）に運ばれて本堂の修理のために使われたのであった。

千本釈迦堂で発見された遺材から推定す

千本釈迦堂の太子堂（経王堂）

ると、豊臣秀頼の再建の経王堂は桁行《けたゆき》十九間、梁間《はりま》十六間（この場合の「間《けん》」は建物の柱間）、正面幅五八メートル、奥行四八メートル、高さ二六メートルの壮大な建築だった。義満の経王堂もそれと同様の大きさであったと伝えられている。これは、平面積だけから見るならば江戸時代再建の東大寺大仏殿（正面幅五七メートル、奥行五一メートル、高さ四七メートル）に匹敵する規模である。北野経王堂は中世京都における最大規模の建造物だったのである。

現在、千本釈迦堂の宝物館には北野経王堂の本尊であった六体の観音像と地蔵像、義満自筆の扁額《へんがく》、巨大な残材などの遺品が残されている。また、昭和二十九年（一九五四）に旧経王堂の残材を使用して太子堂（経王堂）が建てられており、かつての北野経王堂の名跡《みょうせき》をわずかに伝えている。

案内

千本釈迦堂：市バス「上七軒（かみひちけん）」下車、北へ約200m。本堂参拝と宝物館見学には拝観料が必要。なお、この寺の見ものは国宝の本堂。鎌倉時代初期の安貞元年（1227）の建立で、洛中に残る最古の建造物である。地図3

㉗ 史跡顕彰碑の建立――平安京検非違使庁址

京都はどこをとっても歴史の記憶に関係のない土地はない。そんな京都に暮らしながら歴史を学んでいる以上、たとえ微力ではあっても京都の史跡の研究と顕彰に尽くすのが私の使命であると感じている。

平成十六年（二〇〇四）、私は京都市西京区から上京区へと転居した。ところが、新居の場所はたまたま平安京左京一条二坊七町に該当し、平安時代前期から中期にかけての検《け》非《び》違《い》使《し》庁《ちょう》の跡地にあたっていた。検非違使庁は平安京の首都警察と裁判所を兼ねた重要な

「検非違使庁址」顕彰碑

役所である。

　検非違使は弘仁六年（八一五）頃に令外官《りょうげのかん》として創設され、当初は左右両庁に分かれていたが、天暦元年（九四七）にひとつに統合された。この左京一条二坊七町の地は、もとは左衛門府の一部であったが、分割されて検非違使の庁舎の敷地にあてられた。検非違使の職掌は警察、裁判、科刑におよんでいたが、時代を経るに従ってその役割

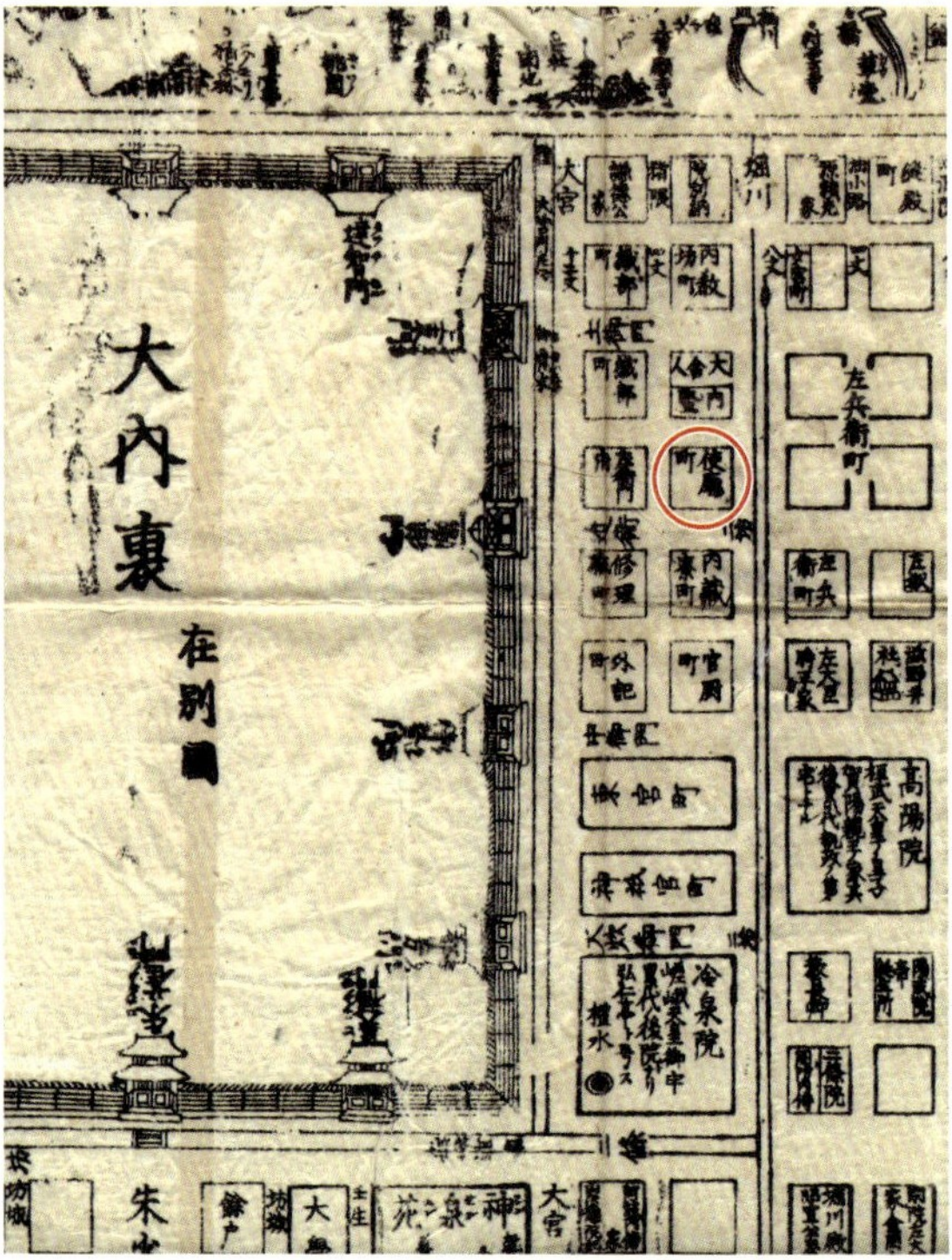

『花洛往古図』（山田蔵）に書かれた検非違使庁（円内の「使廳町」）
江戸時代に描かれた平安京復元図である。

は拡張され、やがては京内の行政全般にわたる広範な権限をもつにいたった。ただ、平安時代後期になると検非違使の事務は別当（長官）の私邸でおこなわれるようになり、左京一条二坊七町の庁舎は廃絶したのである。

こうした由緒ある土地に居を構えることができたのは、私にとっては無上の光栄と感じられた。そこで私は、自宅の敷地に「平安京検非違使庁址」の顕彰碑と説明板を建立することにした。ボーナスをはたくことにはなったが、これくらいの道楽は許されてもよいであろう。形式上、この石碑は平安京研究に実績のある古代学協会に寄贈したという形をとることにした。このほうが永く石碑を保存することができると考えたからである。同協会の理事長であり、平安京研究の泰斗として知られる故角田文衞《つのだぶんえい》博士に除幕していただいたのもよい思い出である。

歴史の研究者は数多いが、自宅に史跡の顕彰碑を建てたという人はめずらしいのではなかろうか。平安京の研究者としての私は、この石碑をささやかな誇りとしているのである。

案内

「平安京検非違使庁址」石碑：市バス「堀川下長者町」下車、西南へ約 200 m。地下鉄烏丸線丸太町駅下車、西北へ約 1.2 km、または地下鉄東西線二条城前駅下車、北へ約 1.2 km。地図2

㉘ 京都への空襲——山中油店の爆弾破片

第二次世界大戦末期、日本の大都市のすべてが大規模な空襲にみまわれたのに対して、京都だけはほとんどその被害を受けなかった。一般にこれは、京都の文化財を守ろうという美術史学者ラングドン・ウォーナー博士（一八八一～一九五五）の献策にアメリカ政府が従った結果であると信じられている。

しかし、実はこの説はアメリカ側の宣伝と日本側の誤解が相まって創り上げられた虚構にすぎない。吉田守男氏の研究によると、京都が残された真の理由は、広島・小倉などとともに原爆の投下目標として「温存」されていたことによる。特に、アメリカ軍は京都

山中油店店頭に展示されている焼夷弾破片

と広島を特Aランクの原爆目標と位置づけ、最後まで京都への原爆投下にこだわり続けたという。ただ、京都に原爆を落とした場合の日本国民の反感と占領政策に与える悪影響が考慮された結果、アメリカ政府の政治的判断によって土壇場で京都は原爆の餌食という運命からまぬかれることになったのである。

　そもそも、京都を非戦災都市だと考えることも事実に反している。昭和二十年（一九四五）一月十六日の東山区馬町、四月十六日の太秦《うずまさ》、六月二十六日の西陣と、京都は連続してB29爆撃機の目標とされたのである。西陣では上長者町通、大宮通、下立売通、浄福寺通に囲まれた四〇〇メートル四方

辰巳児童公園の「空襲被災を記録する碑」

の範囲が被災し、四三名の死者と六六名の負傷者を出した。被害家屋も全壊が七一戸、半壊が八四戸、一部損壊が一三七戸の計二九二戸にのぼり、被災者は八五〇人におよんだというから、決して小規模な空襲ではなかった。智恵光院《ちえこういん》通下立売上ルにある昌福寺では、爆弾のひとつが井戸に飛び込み、噴水のように高く井戸水を吹き上げさせたという。平成十七年（二〇〇五）には地元の有志住民によって上京区智恵光院通下長者町上ルの辰巳児童公園内に「空襲被災を記録する碑」が建てられている。

このときの焼夷弾の破片が、下立売通智恵光院西入ルに店を構える老舗・山中油店の店先に展示されている。この無気味な鉄塊は、ほとんど忘れ去られそうになっている「京都の戦争」を語り伝える、恐ろしくも貴重な証拠物件なのである。

案内

山中油店：市バス「丸太町智恵光院」下車、西北に約 300 m。この店は創業二百年を数える老舗で、現在の店舗は安政２年（1855）の建築。地図2

辰巳児童公園（西陣空襲碑）：市バス「堀川下長者町」下車、西へ約 500 m。山中油店からは北へ 400 m。地図2

29 安倍晴明の邸宅跡——土御門町

少し前に、平安時代の陰陽師・安倍晴明がブレイクしたことがある。夢枕漠《ゆめまくらばく》氏の小説『陰陽師《おんみょうじ》』と、それを原作とした岡野玲子氏のコミックがその火付け役だった。映画も作られ、そこでは狂言師の野村萬斎氏が魅惑的な晴明を演じていた。最近ではブームも落ち着いた感があるが、それでも晴明は根強い人気がある。晴明を祀る晴明神社（上京区堀川通一条上ル晴明町）も、以前はひっそ

土御門町の現状
晴明邸跡はこの写真の中央のあたり。

りとしていたのに、今はいつ行っても多数の参拝客で賑わっている。

しかし、晴明は陰陽道《おんようどう》（近世以降には「おんみょうどう」と発音するようになる）の大家として神格化されたため、その生涯は伝説に彩られていて実像がつかみにくい。だいたい、この人物の名を「せいめい」と発音することすら適当とはいえない。平安時代には僧侶以外の人物の名は訓読みするのが正式であり、音読みはニックネームの場合だけであった。『宇治拾遺物語』には一カ所だけ、晴明のことを平仮名で「はれあきら」と書いてあるところがあり、それが正しいのである。

晴明の邸宅といえば、一般的には現在の晴

晴明神社

明神社の地だと信じられているし、同神社の鳥居の前にはその旨を記した石碑も建っている。しかし、晴明神社の場所は平安京の外側になってしまい、貴族の本邸の所在地としては違和感がある。むしろここは、晴明を崇拝する陰陽師集団が中世のある時期に居住していた場所なのであろう。

そこで史料を確認してみると、晴明の家は「土御門《つちみかど》よりは北、西の洞院よりは東」(『今昔物語集』)、「土御門、町口」(『大鏡』)と記されている。すなわち、土御門大路(現・上長者町通)の北、西洞院大路(西洞院通)の東、町口小路(町小路ともいう=新町通)の西が晴明邸だったことになる。さらに、陰陽道史研究者の山下克明氏によって、晴明邸は上長者町通と西洞院通の交差点の東北付近の約二七〇〇平方メートル、つまり現在の京都ブライトンホテルの南西方向の住宅地(町名は土御門町)であったことが解明された。この土地は晴明の子孫の陰陽師たちによって大事に守り伝えられ、彼らはこの地にちなんで土御門家を名乗ることになったのである。

案内

土御門町：市バス「堀川中立売」下車、東南へ約400ｍ。または地下鉄烏丸線今出川駅下車、西南へ約1km。地図2

晴明神社：市バス「一条戻橋・晴明神社前」下車。または地下鉄烏丸線今出川駅下車、西南へ約1㎞。参拝自由。地図2

30 則天文字の釣鐘——華光寺の梵鐘

　男性しか皇帝になれない中国において、たったひとりだけ女性の皇帝がいた。唐の三代皇帝・高宗の皇后であった則天《そくてん》（本名は武照《ぶしょう》）（則天武后、武則天ともいう）である。彼女は夫を操って政治の実権を握り、天授元年（六九〇）には息子の皇帝睿宗李旦《えいそうりたん》を退位させてみずから皇帝の地位に昇り、「聖神皇帝《せいしんこうてい》」と称するとともに、国号を「周」と改めた。武氏による新王朝であったので、この国は「武周」

華光寺

と称されることもある。彼女は専制的な政治をおこなったが、晩年には病床に伏すことが多く、結局神龍元年（七〇五）に退位を余儀なくされ、彼女の子のひとりであった中宗李顕《ちゅうそうりけん》を皇帝とした「唐」が復活している。「則天大聖皇帝」の尊号はこの退位の際に中宗から彼女に贈られたものである。

　この女帝には、新しい字の創作という妙な趣味があった。彼女は「則天文字」と通称される十七個の文字を創らせているのである。よく知られているものでは、「水戸黄門」の通称で知られる徳川光圀の「圀」という字が、「國」の則天文字である。「一＋生＝𤯔」で「人」、「一＋忠＝𢘑」で「臣」など、まさに文字どおりといったところでおもしろい。また、自らの名前の「照」を「日＋月＋空＝曌」に変えたことには、天空の支配者としての彼女の自負が凝縮されている。

　上京の出水《でみず》通の千本通と智恵光院通の間にはいくつもの寺院が並び、さながらミニ「寺町」といった景観を保っている。その内のひとつに、天正十一年（一五八三）に豊臣秀吉の援助で創建された華光寺《けこうじ》という日蓮宗妙顕寺派の寺院があり、この寺の鐘楼には、鎌倉時代の正応元年（一二八八）に作られた釣鐘が掛けられている。この鐘の銘文を読んでみると、「年」の代わりに「𠡦」という則天文字が使われていることに気がつく。則天文字は女帝とともに生まれ、その失脚とともにほとんどが消え去った。ただ、その中でもはるばる日本列島に伝えられて例外的に生き残った文字が、

「秊＝年」や「圀＝國」なのである。その中でも「圀」は使用例が多い（下巻・第102項でとりあげる本圀寺は、徳川光圀より援助を受けたことにちなんで本国寺から改名した）が、「秊」は数少ない。これは、中世日本において則天文字が使われためずらしい例のひとつなのである。

華光寺の梵鐘の銘文
「正応元年」の「年」が則天文字「秊」になっている。

案内
華光寺：市バス「千本出水」下車、西へ約200ｍ。参拝自由。なお、墓地には、幕末の天皇陵研究者として知られる平塚飄斎（ひょうさい）（津久井清影）の墓がある。地図③

㉛ 大拡張された城郭——家康時代の二条城

ユネスコの世界文化遺産にも認定されている二条城は、京都の数ある史跡のなかでも最大の人気スポットのひとつである。慶長八年（一六〇三）、征夷大将軍任官を目前に控えた徳川家康が、京都における居館として建設したのがこの二条城であった。残念ながら壮麗な天守は寛延三年（一七五〇）に雷に打たれて焼失してしまい、その後は再建されることはなかった。

一方では、二ノ丸御殿などの城郭建築は非常によく残っている。外濠までも含めた城全体の規模は、東西約五三〇メートル、南北約四〇〇

二条城の南側外濠
写真右半分が、ほぼ家康の慶長期二条城にあたる。左側の高い石垣が寛永の増築部分。

メートルをはかる。

江戸時代の『洛中洛外図屏風』は例外なく、二条城を一方の主役として配置している。たとえば、元和年間（一六一五〜二四）頃の京都を描いた林原《はやしばら》美術館本（池田本）『洛中洛外図屏風』を見てみよう。そこに見える二条城は、家康が築いた慶長期の姿である。これをよく見ると、ちょっと奇妙な点に気づく。現在の二条城では天守台は城の中央部の本丸の西南角に残されているのであるが、林原本『洛中洛外図屏風』の天守は城の西北に近い場所にそびえているのである。

実は、私たちが見ている二条城は、三代将軍徳川家光が寛永三年（一六二六）に大増築した

二条城東南隅櫓

姿なのである。現在の二条城は西半分が東半分に比べて南北幅が三〇メートルほど狭くなっており、極端にいうと平面形が「凸」字形をしている。この西半分が寛永の増築部分である。この大改造によって現在の本丸が築かれ、天守も改めて造り直されたのである。そうすると、徳川家康が築いた慶長の二条城は、現在の三分の二ほどの規模（東西約三四〇メートル）であり、その中央に本丸を設けた方形輪郭式《ほうけいりんかくしき》の型式をとっており、慶長度天守はその本丸の西北付近に建てられていたのである。

家康の時代の二条城は、新しい時代の都のシンボルだった。二条城は大坂城や伏見城にくらべるとはるかに小さく、防衛のための設備も貧弱な城だった。しかしそこからは逆に、群雄割拠の乱世に確実に終止符を打ったのだという家康の自信が透けて見えてくるのだと思う。

案内
二条城：地下鉄東西線二条城前駅下車、北へ約100m。または市バス「二条城前」下車。拝観には入城料が必要。地図2

32 祝祭空間をもつ儀典の城 ——堀川の刻印石

他の都市の城にはそれぞれ大名が住んでいたけれども、京都の二条城には大名はいなかった。二条城は徳川家の京都の居館という特殊な任務をもつ城であった。

二条城の正面を南北にはしる道路が堀川通である。道の中央には平安京の運河として造られた堀川が流れている。今の堀川通は幅約五〇メートルの広い道路であるが、これは太平洋戦争当時の強制疎開によるもので、それまではごく狭い道路にすぎなかった。ところが、戦前にも二条城の前だけでは、堀川通は幅約七〇メートルという広さになっていた。それは、道路というよりも広場といったほうがふさわしい。

堀川を隔てて二条城を望む
堀川は親水公園として整備されて市民の憩いの場となった。

堀川に降りてみると、川の西面が見事な石垣によって画されている。石のあちこちには大名の刻印や「是ヨリ北紀州（ここより北側の工事は紀州藩の担当）」という銘文が見られ、二条城の造営の際に各地の大名家が工事を分担したことが知られる。二条城の設計には堀川や堀川通が含み込まれていたのであろう。

　二条城が最も華やかに彩られたのは、寛永三年（一六二六）九月の後水尾《ごみのお》天皇の行幸《ぎょうこう》のときであった。徳川家は天皇を自らの城に迎

堀川の石垣にのこる「是ヨリ北紀州」銘

えることによって、幕府の威信を天下に示したのである。この行幸が京都の歴史に永く記憶されていたことは、江戸時代の「洛中洛外図屏風」が必ずその様子を描き入れていることからもわかる。

二条城の前の堀川通が異常に広いのは、天皇の行幸という一大イヴェントを市民に見せつけるための舞台装置だったからだと考えたい。堀川通は二条城前面の祝祭空間ともいうべき広場であった。ふりかえると、豊臣秀吉の聚楽第《じゅらくだい》や伏見城にもそうした空間があったらしい。城郭前面の祝祭空間とは、天下人の城だけがもちうる特別な場所だったのであろう。

なお、二条城の主軸は真南北ではなく、二〜三度だけ東に振っている。これは測量のミスとは考えにくい。方位磁石を使ったことによる誤差という説もあるが、どうだろうか。もしかすると、城の主軸をわずかにずらすことによって、堀川通の祝祭空間に遠近法的な効果を与えていた可能性もあるように思う。

案内

二条城：第31項を参照。「是ヨリ北紀州」銘は、堀川の二条橋のすぐ北側にある。その他、堀川の石垣には21点の刻印石が確認されているから、それを探してみるのもおもしろい。地図2

㉝ 天皇行幸と大手門の造り替え——二条城の大手門

　二条城は徳川家康が慶長八年（一六〇三）に造営し、三代将軍徳川家光が寛永三年（一六二六）に大拡張した。それにともなって従来は城の中央に配置されていた本丸は西側に遷され、天守も本丸西南部に新造された。これによって城郭東半部に生まれた大きな空間には、二ノ丸御殿が造営されたのである。

　家光が二条城の大拡張に踏み切ったのには、大きな理由がある。この年、九月六日から十日までの五日間、後水尾天皇の二条城行幸が実施されたのである。そもそも、天皇が臣下の権力者の邸宅を訪れるというのは、その臣下にとっては名誉の極みであるとともに権力の正統性の

二条城東大手門
寛永の高麗門が櫓門に戻されたのは、寛文２年（1662）のことであった。

保証とされてきた。しかし、これは極めて稀なことであり、室町時代ですら足利将軍邸への天皇の正式行幸は二例だけしかなかった。豊臣秀吉は京都に新造した聚楽第に後陽成天皇を迎えることによって、新政権の基盤を確固たるものにしている。

ここで、二条城の正門である東大手門に注目してみよう。現在の東大手門は堂々たる重層《じゅうそう》（二階建）の櫓門《やぐらもん》であり、家康時代の東大手門も同様の形式のものだったと考えられている。しかし、寛永の二条城行幸を描くサントリー美術館本、国立歴

国立歴史民俗博物館Ｆ本『洛中洛外図屏風』にみる二条城（同博物館蔵・提供）
東大手門（左側）は単層切妻屋根の高麗門、北大手門（右側）は櫓門である。

史民俗博物館F本等の『洛中洛外図屏風』では、東大手門は切妻《きりづま》屋根の単層の高麗門《こうらいもん》になっている。すなわち、二条城東大手門は重層→単層→重層と変化したということになる。

これは、東大手門が重層のままである場合、行幸する天皇を上から見下ろすことになり、これは不敬の極みであるとされたからだと考えられている。一方、天皇が通らない北大手門は櫓門のままであった。なお、二ノ丸御殿も行幸御殿にあてるために建物が大増築され、行幸が終了したのちにはこの増築部分は即座に撤去されている。

天皇の二条城行幸は、日数にするとわずか五日間にしかすぎない。しかし幕府は、この短期間のイヴェントの舞台装置を整えるためには金に糸目をつけなかったのである。天皇行幸は、徳川の覇権が定まったことを満天下に示す一世一代の盛儀でなくてはならない。二条城の増改築は、徳川幕府のそうした執念の産物だったのである。

案内
二条城：第31項を参照。

34 秀吉はなぜ将軍にならなかったのか——洛中の秀吉最初の拠点、妙顕寺城跡

京都の歴史を語るうえで、豊臣秀吉を避けて通るわけにはいかない。現代にいたる京都の都市構造を決定したのは秀吉の都市改造事業だったからである。秀吉が京都を首都としたのは、彼の政権が征夷大将軍を戴く幕府ではなく、武家《ぶけ》関白《かんぱく》政権という前代未聞の形式をとったところに由来している。もし秀吉が将軍任官を果たしていたならば、その政権は必ずや大坂幕府という形をとったであろう。しかし実際には彼が就任したのは将軍ではなく関白だった。関白とは本来的には天皇の補

妙顕寺城跡
洛中における秀吉の最初の拠点であり、「二条城」とも呼ばれた。

佐役であり、その政権は天皇の都である京都におかれるのが論理的な必然だったのである。

それでは、秀吉の選んだ道はなぜ将軍ではなかったのだろうか。これは日本史に関心をもつ人ならば誰もが抱く疑問であろう。これについては、「なりたかったが、なれなかった」という説と、「なろうとすればなれたのに、なる気がなかった」という説とがある。

前者の代表格として、よく「将軍源氏限定説」が唱えられる。つまり、将軍になるには源氏であることが必要条件とされてきたが、秀吉は農民出身で

山崎合戦之地石碑
秀吉はこの合戦で明智光秀を破り、信長の後継者としての第一歩を踏み出した。

あったため将軍就任の資格を欠いていた、というのである。しかしこれはまったくの俗説の類である。史実として、平安時代の征夷大将軍は坂上田村麻呂《さかのうえのたむらまろ》や大伴弟麻呂《おおとものおとまろ》であった。中世にあっても、鎌倉幕府では源氏以外に藤原氏や皇族が将軍となっている。さらに、平氏を称していた織田信長にも朝廷が将軍就任を打診した事実が知られており、将軍が源氏に限られるという認識はまったくなかったのである。そもそも、家格という視点からいうならば、将軍よりも関白のほうがはるかにハードルが高いはずである。関白となることができるのは藤原氏の中の五摂家（近衛、一条、二条、九条、鷹司各家）に限られており、その他の家の者にとっては関白など望むことすらできなかったからである。その関白職をもぎ取るほどの政治力をもった秀吉なのであるから、家格の問題だけで将軍職をあきらめたとはとうてい思えないのである。

案内

妙顕寺城跡石碑：洛中の秀吉最初の拠点。中京区押小路通小川西入ル古城町、西福寺の前。地下鉄東西線二条城前駅下車、東へ約400ｍ。市バス「堀川御池」下車、東北へ約300ｍ。同じ場所には平安時代後期から鎌倉時代にかけての里内裏「閑院跡」の説明板（下巻・第93項）が立てられている。地図2

山崎合戦之地石碑：京都府乙訓郡大山崎町の天王山中腹。ＪＲ東海道本線山崎駅下車、北へ約１km。登山道なので徒歩で30分程度はかかる。さらに昇ると酒解（さかとけ）神社があり、その裏側の天王山の山頂付近が秀吉の居城となった山崎城（天王山城）跡である。地図13

35 秀吉の前に立ちはだかる家康──京都の本拠地、聚楽第

現在の学界では、「秀吉は将軍になる気がなかった」とする説の方が人気がある。たとえば、秀吉は将軍も天皇も超越した「天下人《てんかびと》」という新しい立場を目指していたと考えるのである。ただ、そうだとすると、秀吉が天皇の補佐役である関白として天下統一戦争を遂行したことや、秀吉が諸大名に対して天皇の意思（叡慮《えいりょ》）を振りかざしながら停戦を命じてきたことの説明がむずかしいように思う。また、秀吉は関白を甥の秀次に譲って「太閤」と呼ばれるようになってからも、死ぬまで従一位太政大臣の地位だけは保持し続けており、官位の束縛から自由に

聚楽第跡の石碑
豊臣政権の京都の本拠地が聚楽第である。これは旧正親小学校（上京区中立売通裏門西入ル多門町）に立つ石碑。

なろうとした形跡は認められない。

　秀吉が将軍職への野心が無かったとする説を主張している堀新氏が根拠とされているのは、奈良の興福寺多聞院《たもんいん》の僧であった英俊《えいしゅん》が書いた『多聞院日記』天正十二年（一五八四）十月十五日条である。ここには、秀吉が朝廷から近衛大将兼征夷大将軍の職を提示されながら、それを断ったという情報が記されているのである。これが事実だとすると、確かに秀吉は将軍任官を自ら拒絶していることになる。

　しかし私は、多聞院英俊が伝えるこうした情報についてはいささか懐疑的である。英俊が驚くべき情報通であり、地元の大和や河内の情報は極めて正確であることは確かなのであるが、その一方で京都の政界上層部に対する彼の情報源は玉石混淆《こんこう》であった

聚楽第跡の石碑（中立売大宮）

ように思うからである。

たとえば、天正十三年から十四年にかけて、秀吉が新しい王（天皇）、その弟の羽柴秀長が関白、徳川家康が将軍になるという話がしばしば登場する。天正十四年十一月にもこの情報が記載されているのだが、これは、その直後の正親町《おおぎまち》天皇の譲位と後陽成天皇の即位に向けて政界内部がバタバタしていたことから邪推した当て推量（おそらくは京都で流れていた無責任な噂話）にすぎなかったと推測できる。『多聞院日記』の情報を扱う場合にはこのあたりの注意が必要であり、同時代史料とはいえ無条件で信じることは考えものだと思う。

豊臣秀吉の天下統一の過程をたどってみると、天正十二年（一五八四）が大きな転機になっている。天正十年（一五八二）の本能寺の変で織田信長が倒れるや、秀吉は誰よりも機敏に行動し、対立勢力を次々と滅ぼして信長の後継者としての地位を固めていったのである。この秀吉の快進撃の前に立ちはだかったのが徳川家康であった。

天正十二年の小牧《こまき》・長久手《ながくて》の戦においてこの両雄は干戈《かんか》を交える。戦力のうえでは秀吉が有利であったが、家康は秀吉陣営の乱れにつけ込んで秀吉軍の一隊を殲滅《せんめつ》することに成功し、戦いを持久戦にもち込んでいった。不利を悟った秀吉は得意の外交交渉へと戦術を転換、その年の末にようや

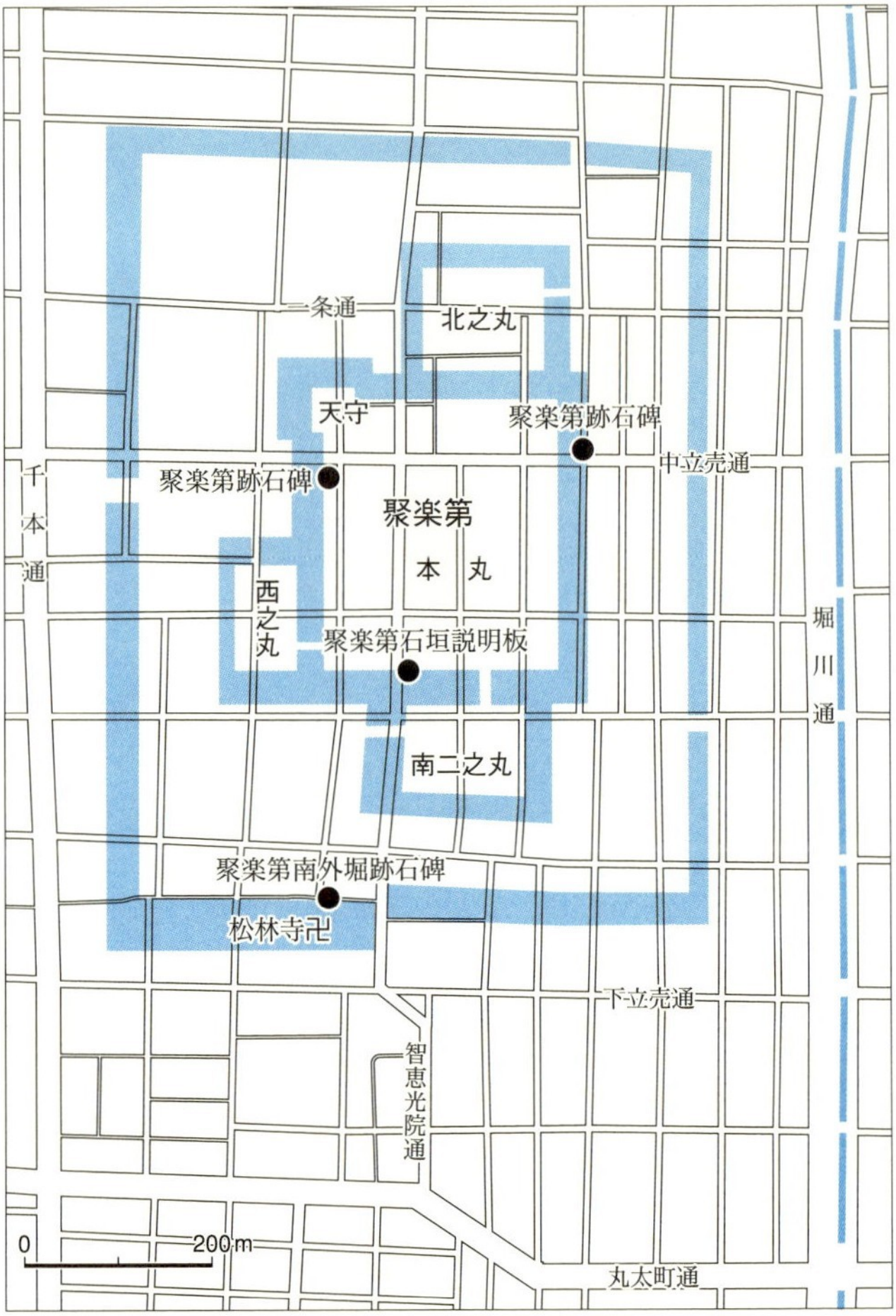
一条通
北之丸
天守
聚楽第跡石碑
中立売通
千本通
聚楽第跡石碑
聚楽第
本丸
西之丸
聚楽第石垣説明板
堀川通
南二之丸
聚楽第南外堀跡石碑
松林寺卍
下立売通
智恵光院通
0
200m
丸太町通

聚楽第復元図（山田案）

く家康を臣従させたが、秀吉が家康を軍事的に屈服させることができなかったという事実は重く残ってしまったのである。

それまでの秀吉は、一介の「筑前守」のままで統一戦争を闘ってきた。つまり、信長と同様に実力での天下征服を狙っていたのである。これが成功したならば、家康や後北条氏《ごほうじょうし》といった東国の勢力を屈服させた後には征夷大将軍任官と「大坂幕府」樹立が待っていたはずであった。なんといっても将軍とは、実力によって天下を支配する者の称号だったからである。

松林寺（境内から山門を見る）
境内だけが窪地になっており、秀吉の聚楽第の南外堀の跡だと推定されている。

松林寺山門と聚楽第南外堀跡石碑

ところが家康の抵抗により、秀吉はこれに失敗した。もちろん秀吉の実力をもってすれば、時間さえかけるならば家康を滅亡に追い込むことも不可能ではなかろう。しかし「人間五十年」と言われた当時、すでに四十代後半にさしかかっていた秀吉の最大の望みは、一刻も早いスピーディーな天下統一であったはずである。そこで秀吉は軍事力だけによる征服という方針を転換して伝統的権威を借りることにし、急速に官位の階段を駆け上っていく。つまり、天正十二年十月には左近衛権少将《さこのえのごんのしょうしょう》から参議（ただしこの参議就任は後の追階だという可能性が濃厚）、翌月に権大納言《ごんだいなごん》、翌十三年の三月には内大臣となり、ついにその年の七月には関白職を手にしたのであった。これにより秀吉は、自らの統一戦争に天皇の権威という巨大な大義名分を加えることができたのである。

案内

旧正親小学校の聚楽第跡石碑：市バス「中立売智恵光院」下車、すぐ。または市バス「千本中立売」下車、東へ約350 m。その側には「平安宮大蔵跡」石碑も立っている。地図2

上京区中立売通大宮西入ル新元町の聚楽第跡石碑：市バス「中立売大宮」下車、すぐ。または市バス「堀川中立売」下車、西へ約300 m。旧正親小学校の石碑からは東へ約300 m。地図2

松林寺：境内が聚楽第の外堀跡。上京区智恵光院通下立売上ル西入ル分銅町。第28項で紹介した山中油店の北側にあたる。境内参拝自由。市バス「千本出水」下車、東南へ約400 m。または市バス「丸太町智恵光院」下車、北へ約450 m。地図2

36 足利義昭と秀吉——義昭の将軍御所

秀吉が将軍就任を希望して足利義昭の猶子《ゆうし》（養子の一種）となることを申し入れたけれども義昭はこれを拒絶し、秀吉は将軍任官をあきらめた、とする所伝がある。これは江戸幕府に仕えた儒者である林羅山《らざん》の『豊臣秀吉譜』や、著者不詳の『義昭興廃記』に掲載されており、以前は通説とされてきた。しかしこの話は同時代史料には見えないことから、近年の学界では支持者が少ない。ただ、名家の猶子となってその権威を引き継ぐというのは、戦国大名にとって決してめずらしくはな

槇島（まきしま）**城跡**（**京都府宇治市槇島町薗場**）
天正元年、足利義昭はここに立て籠もったが、信長によって追放された。

い。越後の長尾景虎が関東管領《かんとうかんれい》上杉家の名跡《みょうせき》を引き継いで上杉謙信となったのはその代表例である。

ここで重要なのは、秀吉の天下統一戦争の時期にも、現職の征夷大将軍は足利義昭だったという事実である。天正元年（一五七三）に義昭は信長によって京都から追放され、室町幕府は崩壊したが、義昭はこれで将軍の座まで失ったわけではなく、その後もずっと将軍職を保持し続けていた。そして、彼は毛利輝元《てるもと》の庇護を受けながら備後国鞆《とも》（広島県福山市鞆町）に亡命政権（藤田達夫氏のいう「鞆幕府」）を樹立し、京都再侵攻の機会をうかがっていたのである。

旧二条城跡
義昭の将軍御所であった。

秀吉の実力からすると、天皇を動かして義昭の将軍解任と自らの将軍任官を断行することなど簡単だったと思われるかもしれないが、ことはそう単純ではない。天正十三年（一五八五）から翌年にかけての秀吉は、四国の長宗我部《ちょうそかべ》氏と九州の島津氏の征討をひかえていた。しかしその遂行のためには中国地方を支配する毛利輝元の協力が不可欠であった。それまで輝元に推戴されてきた義昭は、当然のことながら毛利家中に強い影響力をもっていたであろう。さらに義昭は島津氏との間にも太い政治的なパイプを保持し続けていた。スピーディーな天下統一を希求する秀吉にとって、この微妙な情勢の時期に義昭との関係を荒立てるような方策をとるわけにはいかないはずである。そうすると、天正十二年秋の段階であるならば、秀吉が義昭から穏便に将軍職を譲り受け、その権威のもとで四国・九州に進軍するという構想を描いたとしても決して不自然ではないと思う。

案内

旧二条城跡：足利義昭の将軍御所。地下鉄烏丸線丸太町駅下車、西北へ約200ｍ。平安女学院大学の角に石碑がある。また、京都御苑の椹木町（さわらぎちょう）口や現二条城の構内には、旧二条城の石垣が移築されている。地図2

槇島城跡：JR奈良線宇治駅下車、北西へ約1.4㎞。または、京阪宇治駅や近鉄向島駅より京阪バスで「槇島」下車、東へ約300ｍ（ただし、バス便は少ない）。住宅地の中の小公園に石碑が立ち、また、その北方の公園内にも石碑がある。地図12

㊲ 秀吉に入れ知恵した貴族——今出川晴季別邸跡

林羅山の『豊臣秀吉譜』には、「秀吉が将軍職を望んで足利義昭の猶子になることを申し入れた。しかし義昭は愚昧であったためこれを拒絶した。そこで、右大臣今出川（菊亭《きくてい》）晴季《はるすえ》が『関白は万人の憧れである』と入れ知恵し、秀吉は関白になることを決意した」と記されている。学界の多数意見では、この話は徳川将軍家の権威を高めるための作り話とされている。確かに『豊臣秀吉譜』

京都南郊の鳥羽に存在した今出川晴季の別邸跡（伏見区下鳥羽長田町の常高寺）
後に、晴季の夫人が隠棲した。

は、小瀬甫庵《おぜほあん》の『太閤記』の引き写しと、その他の玉石混淆の情報を混ぜ合わせて編集したという困った書物であり、信頼性に欠けると認識されることもやむをえない。しかし、書物が杜撰《ずさん》だったからといって、そこに記された情報のすべてが虚偽であることにはならないはずである。そもそも羅山の言い方では、関白は偉いが将軍は愚か者でも務まるというふうにも読め

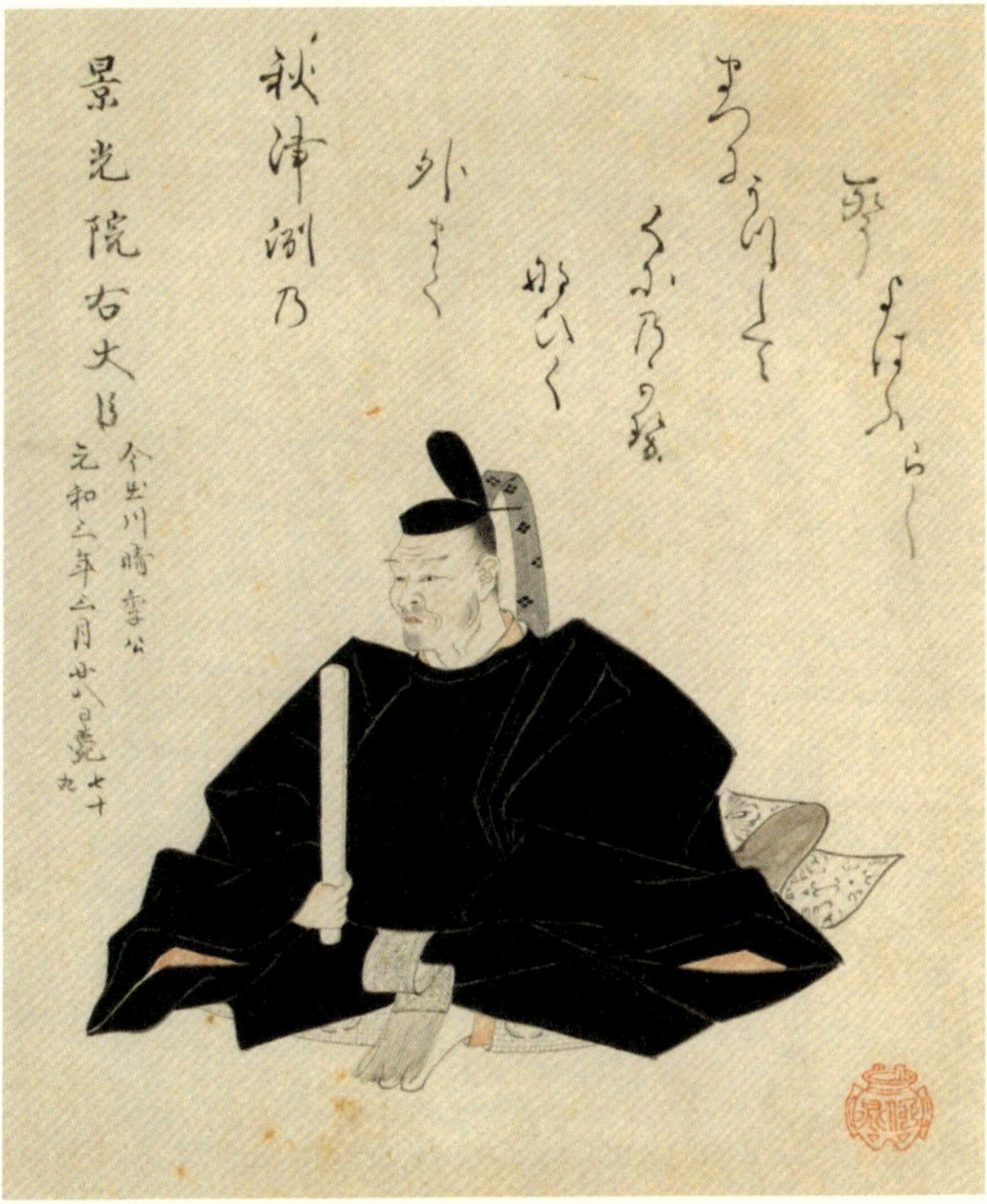

今出川晴季像（栗原信充画『肖像集』〈国立国会図書館デジタルコレクション〉に拠る）

てしまうのであり、とうてい徳川将軍家の利益になるとは思えない。

ただ、仮にこの所伝を信頼したいと考えたとしても、そこにはひとつの難関が横たわっている。こうした秘密交渉の内容は当事者以外には知りえないはずである。江戸時代には秀吉の豊臣家も義昭の足利本宗家《ほんそうけ》も断絶し、交渉の実務にあたった両者の側近たちも散り散りになった。そうした後にもこうした情報が語り伝えられた経緯を説明しなくてはならないのである。

しかし、よく考えると、秀吉と義昭以外にもたったひとりだけ、この秘事を詳細に承知していた人物がいる。当代一流の策士として知られ、この当時には秀吉のブレーンの役割を果たしていた今出川晴季その人である。そうした目でこの話を見直してみると、そこには現職の将軍を「愚昧」という一言で切り捨てる一方で関白職を無条件で賛美するという上級貴族ならではの思考法が透けて見えており、このニュース・ソースは晴季の手柄話であった可能性が高い。もしそうだとすると、秀吉が義昭の猶子となることを望んだという所伝は根も葉もない作り話ではなく、信憑性を認めてよいのではなかろうか。

案内
常高寺：山門前に今出川晴季別邸跡の石碑がたつ。境内参拝自由。地下鉄烏丸線および近鉄の竹田駅東口より市バスで「国道下鳥羽」下車、西北に約400m。地図⑪

㊳ 晴季から林羅山へ伝わった秘話？——京都の林羅山邸

秀吉が将軍になれなかった理由を、足利義昭の猶子となるのに失敗したことに求める説は最近では人気がないが、私はここに回帰しようと思う。そして、この話の出典は右大臣今出川（菊亭）晴季だったと主張したい。

ただ、問題は残っている。この情報がどういう経緯をたどって林羅山の『豊臣秀吉譜』に収載されたのかを説明する必要がある。晴季は元和三年（一六一七）に薨じており、寛永十九年（一六四二）に完成（刊行は明暦四年〈一六五八〉）した『豊臣秀吉譜』との間には二十五年の歳月と、京都と江戸

左京区鞍馬二ノ瀬町の「奉先堂」跡
二ノ瀬は羅山が徳川家康から賜った領地で、奉先堂は羅山とその子孫を祀る施設である。

という空間的距離が横たわっている。これを埋めることができない限り、羅山の言うことを簡単に信頼するわけにはいかないと言われるのは当然だろう。

ところが、実はこの懸隔（ミッシング・リンク）をつなぐ糸が存在する。羅山は後半生を江戸で過ごしたが、京都で生まれ育っており、青年期には藤原惺窩《せいか》の門弟として京都で修学していた。そして、これまでの秀吉論では見過ごされてきたが、京都時代の羅山は慶長九年（一六〇四）から翌年に

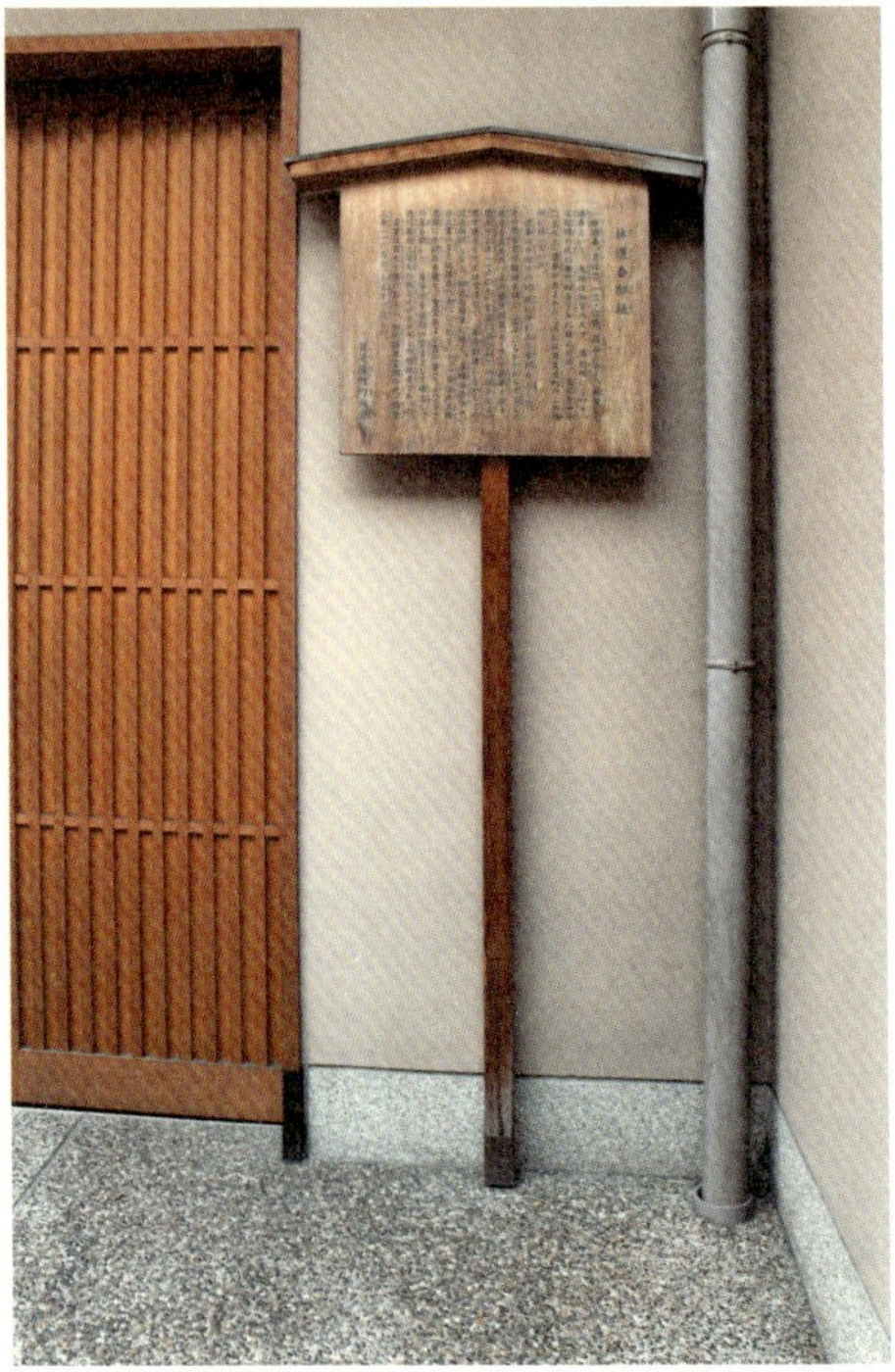

林道春（羅山）邸跡
中京区新町通錦小路上ル百足屋町。羅山の父の信時の邸で、羅山も若き日をここで過ごした。

かけ、晴季について北畠親房の『職原抄《しょくげんしょう》』をテキストとして官職制度について学んでいる。つまり羅山にとって晴季は師のひとりといえる存在だったのである。

官職制度を論じるならば、公武《こうぶ》の最高職である関白と将軍はその最重要テーマである。次代を担う若き俊英を前にして、もはや晩年に至っていた晴季は、その永い政治生活で得た経験を（おそらくは多少の自慢話もとり混ぜながら）得々と語り聞かせたに違いない。この時期には徳川の天下は定まっていたから、往年の秘事を隠し通す必要もない。つまり、青年時代の羅山は晴季から直接に内部情報を聞くことができたはずなのである。そうだとすると、後年の羅山が秀吉の伝記を編む機会を得たとき、師から得ていた稀少情報を盛り込んだとしてもおかしくない。

機会と、動機と、そして方法。ミステリー小説ならばこれでQ・E・D（ラテン語の「証明終了」）とするところであるが、はたしてこの私説、皆さんの賛同を得られるだろうか。

案内

奉先堂跡：叡山電鉄二ノ瀬駅下車、西北へ約300 m。地図8

林道春（羅山）邸跡：地下鉄烏丸線四条駅、阪急電車烏丸駅、または市バス「四条烏丸」下車、西北へ約500 m。地図6

【洛　北】

39 清流に涼を求めて——下鴨神社の御手洗祭

祇園祭が終わると京都に本格的な夏がやってくる。単純な比較なら京都よりも気温が高い場所はたくさんあるが、ねっとりと身体全体に絡《から》みつくような京都の夏の暑さは、他の地域とはそもそもの質が異なっているような気さえしてしまう。

この耐えがたい暑さを少しでも和らげようと、都人たちはさまざまな

多数の参詣者でにぎわう下鴨神社の御手洗祭
水はあくまで澄み切っている。

方法を模索してきた。平安京に都が遷ってから、貴族の邸宅の定式として寝殿造が発達し、その中には必ずといってよいほど池庭が加えられるのも、この気候に適応するための工夫だったのではなかろうか。

平安京以前からの歴史を誇る古社のひとつが下鴨神社（賀茂御祖《みおや》神社＝左京区下鴨泉川町）である。遷都以降は、上賀茂神社（賀茂別雷《わけいかづち》神社）と並ぶ王朝の守護神として朝野の厚い尊崇をうけた。両社の境内には小川が流れており、それはともに御手洗川《みたらしがわ》と呼ばれている。『都名所図会』や『都林泉《みやこりんせん》名勝図会』といった京都の観光ガイドブックには、多くの庶民が下鴨の御手洗川で穢れを祓い、糺《ただす》の

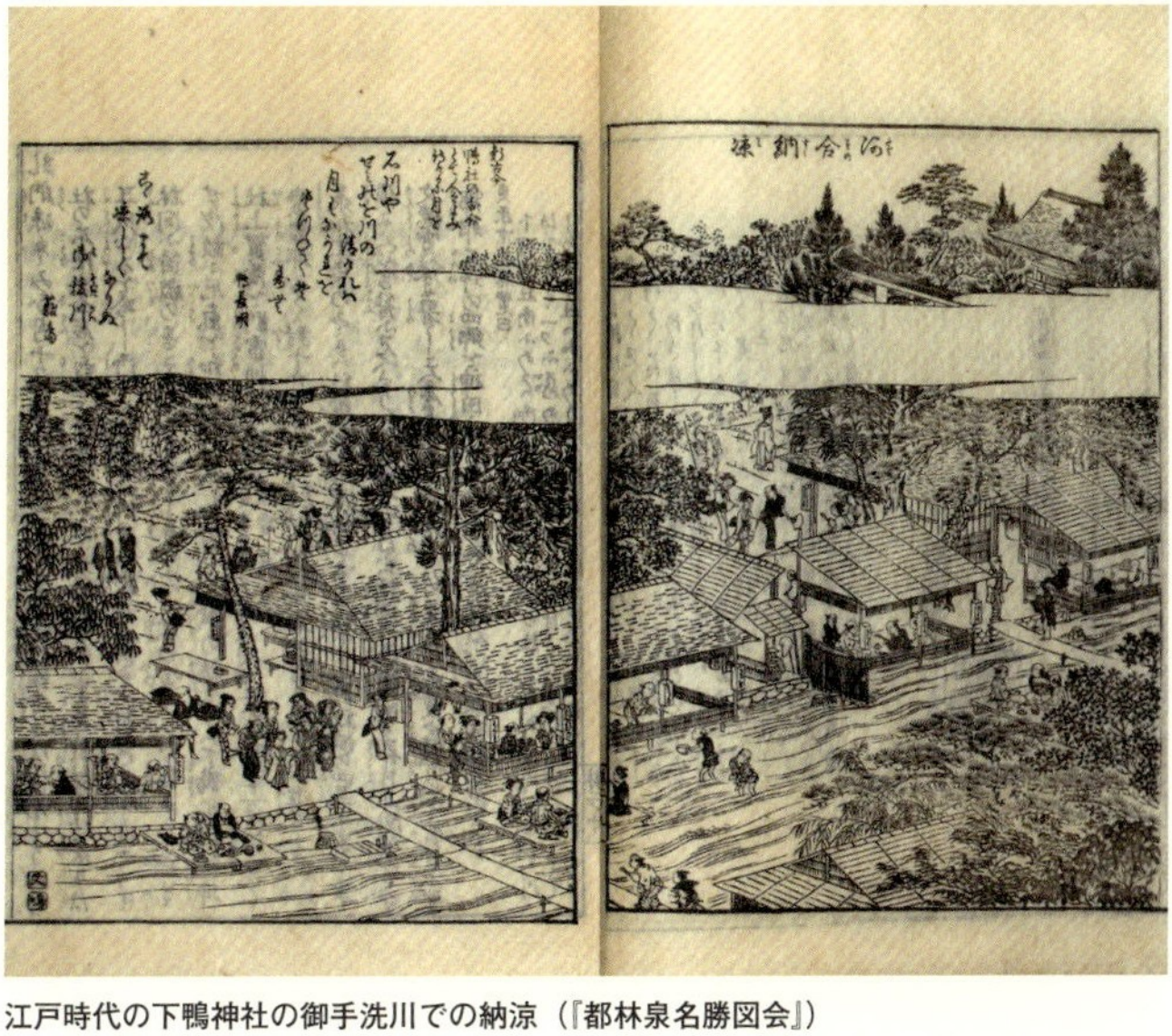

江戸時代の下鴨神社の御手洗川での納涼（『都林泉名勝図会』）

森に軒を連ねる茶店でくつろいでいる様子が描かれている。

下鴨神社の御手洗川で毎年七月の土用の丑《うし》の日におこなわれるのが御手洗祭《みたらしまつり》である。清らかな水で身体を浄める禊《みそぎ》の儀式で、無病息災と安産守護に霊験があるという。近世の京都の人びとにとって、御手洗祭もまた絶好の納涼の機会になっていたのであろう。

先日、私も久しぶりに御手洗祭に参加してみた。夏だというのに水は凍えるような冷たさで、川に足を浸すとあっという間に汗が引いていくのが感じられる。御手洗川のほとりの井上社《いのうえしゃ》はこの川の源泉を祀ったもので、こんこんと水が湧く井戸の上に祠が載っている。ここで参拝者は、足の形をしたお札に願い事を書き、泉の水に流して息災を祈る。参詣が終わると、屋台で売られている焼きたてのみたらし団子をほおばるのが定番だ。私は糺の森を吹き抜ける風を感じながら、涼を求めてこの地に参集した近世京都の庶民の心情を追体験することができたのである。

> **案内**
> **下鴨神社**：市バス「下鴨神社前」下車、東へ約100ｍ。京阪電車・叡山電鉄の出町柳駅から北へ、糺の森を通って約1km。境内参拝自由。地図1

40 豊臣時代の鉄造擬宝珠——千本閻魔堂

人間、生きていくうえで最も警戒しなければならないのは、己《おのれ》の慢心《まんしん》ではなかろうか。俺は偉いんだとか、俺は何でも知っていると考えた瞬間、心の眼は曇ってしまう。私にしても京都の歴史を学んで久しいから、知らず知らずのうちに増上慢《ぞうじょうまん》になっていることがあるかもしれない。しかし、その天狗の鼻をへし折ってくれるのも、京都の史跡そのものである。

学生時代以来のわが恩師が、考古学の第一人者として知られる故・森浩一先生である。先生は独自の史観によって京都を見直す『京都の歴史を足

千本閻魔堂と擬宝珠（2011年の旧景）
本堂は昭和43年（1968）の火災で損傷した後の仮堂である。

元からさぐる』(全六巻、学生社)をまとめられたが、その執筆の過程でいくつかの点について意見を求められた。そのひとつが「千本閻魔堂《せんぼんえんまどう》(ゑんま堂)にある豊臣秀吉時代の擬宝珠《ぎぼし》についてどう思うか」であった。

千本閻魔堂(上京区千本通蘆山寺上ル閻魔前町)は正式には引接寺《いんじょうじ》といい、今も市民に愛される庶民信仰の場だ。五月におこなわれる閻魔堂狂言は、壬生寺の壬生狂言、嵯峨釈迦堂の嵯峨大念仏狂言と並ぶ京都の三大念仏狂言のひとつとして知られているし、私も子どもの頃からこのお寺に親しんできた。しかし、ここで秀吉時代の擬宝珠など、見た記憶がない。

千本閻魔堂の擬宝珠(2012年)
寺の入口の改装にともない、擬宝珠は本堂裏側に移された。

そこで、あわてて千本閻魔堂に向かい、境内を探索してみる。本堂は質素だが、室町時代の巨大な閻魔王像は健在であるし、その壁にはかなり剝落してはいるものの、室町時代の地獄図が残されている。また、紫式部供養塔と伝える至徳三年（一三八六）の立派な多層石塔も見ものである。しかし、森先生の言われる擬宝珠は見あたらない。

あきらめて帰ろうとした瞬間、それは私の目の中に飛び込んできた。問題の擬宝珠は、実は閻魔堂の入口の側、私がこれまで何十回となく通り過ぎていた場所に立っていた。私がここを訪ねるときにはいつも本堂の方向ばかり向いていたので気づかなかったのである。私はこのとき、己の観察力の稚拙さに、穴でもあったら入りたい思いを味

千本閻魔堂の擬宝珠の銘文
「丙申」は文禄五年の干支である。

わされたのである。

この擬宝珠は鋳鉄製《ちゅうてつせい》で、高さ約八三センチ、最大径約五一センチをはかる。同時代に造られて現存する鴨川の三条大橋の擬宝珠（鋳銅製）が高さ約八七センチ、最大径約四五センチであるから、それとくらべてもひけをとらない堂々たる遺品だといえるだろう。

擬宝珠の側面には製作年代が鋳出されており、「文禄五年〈丙申《ひのえさる》〉二月吉日造之《これをつくる》」と読める。文禄五年（一五九六）は普通の年表では慶長元年になっているが、改元があったのは十月であるから、二月が未だ文禄年号なのは当然である。

これだけ立派な擬宝珠だから、もとから千本閻魔堂にあったのではなく、どこかの川の橋か、または大邸宅の池の橋に使用されていたものであろう。この脇に立って

三条大橋の擬宝珠
千本閻魔堂の擬宝珠と材質は違うが、比較研究の資料にはなりうる。

いた表示板では、五条大橋のものだったと説明されていた。ただ、秀吉による五条大橋の架橋は天正十八年（一五九〇）であり、時期が相違する。距離的に見ると豊臣政権の京都政庁であった聚楽第《じゅらくだい》が近く、この擬宝珠もその庭園にあった可能性を考えたくなる。しかし、文禄四年（一五九五）七月十五日に聚楽第の主の関白豊臣秀次《ひでつぐ》（秀吉の甥）は秀吉の命によって高野山に追放されたうえで自害し、その直後には聚楽第も破却された。したがって、この擬宝珠が聚楽第の遺品であったというのも考えにくい。

いっそのこと、この擬宝珠の故地としては、秀吉の居城であった伏見城（指月城《しげつじょう》）を考えてはどうだろうか。文禄五年というと、秀吉の朝鮮侵略戦争である「文禄の役」の講和交渉が大詰めを迎えており、明の使者が来日する運びとなっていた時期である。その年の前半には、明使を迎える舞台装置として、伏見城が豪勢に改築されていた最中だった。そう考えるならば、伏見城またはその城下町の橋を飾り立てるために、新造の擬宝珠が据え付けられたとしても決して不思議ではないように思う。

案内

千本閻魔堂：市バス「千本寺之内」下車、北へ約 100 m。参拝自由。地図3

三条大橋：地下鉄東西線三条京阪駅、京阪電車三条駅下車、すぐ。市バス「三条京阪」下車すぐ、または市バス「河原町三条」下車、東へ 200 m。地図6

41 探しまわった塚を〝発見〟——紫野の衣懸塚

学問を続けていると、ちょっとしたことをきっかけにして長年の疑問がスルスルと解ける、という瞬間に出会うことがある。しばらく、そんな私の思い出話にお付き合いいただきたい。

あれは確か中学生のときのことだった。私は学校の図書室で、京都の偉大な郷土史家である竹村俊則《としのり》氏の『新撰《しんせん》京都名所図会』（全七巻）に出会った。京都案内の極致ともいえる名著で、京都のありとあらゆる史跡が、著者自身の筆による練達の鳥瞰図を添えて紹介されている。このとき以来、この本をバイブルとして京

住宅地の間の空地にわずかに残る衣懸塚
今は荒廃しているが、保存されることを望みたい。

都の史跡を訪ね歩くのが私の習い性となったのである。

『新撰京都名所図会』を読んでいて、大徳寺（北区紫野大徳寺町）の南方に「衣懸塚《きぬかけづか》」という塚があることを教えられた。大徳寺周辺は平安京の葬地である蓮台野《れんだいの》の故地にあたっており、衣懸塚はその遺構である可能性が高い。そうだとすると、この小さな塚は平安時代の葬制を考える場合の重要資料になる。

　興味を覚えた私は早速、自転車に飛び乗ってこの塚を探しに出かけた。しかし、きちんとした場所を確かめずに飛び出したものだから、どうしてもそこにたどりつくことができない。切羽詰まって交番に駆け込んでみたが、子どものたどたどしい説明ではとうてい要領を得ないはずである。応対してくれた親切なお巡りさんも、困り顔で首をかしげるばかりだった。

常盤井
この奥に衣懸塚がある。

それからかなりたって、どういうきっかけがあったのか、私は改めてこの遺跡の探索を思い立った。北区紫野下築山町の住宅地の中に、源義経の母の常盤御前が化粧をしたという伝承をもつ「常盤井《ときわい》」という井戸跡がある。衣懸塚はこの常盤井の隣接地にあるはずだ。井戸の側の狭い路地を入ると、奥のわずかな空閑地で、崩壊寸前ともいえる小さな塚に出会うことができた。これこそが、探し求めていた衣懸塚の遺構だったのである。やっとのことで紫野《むらさきの》の衣懸塚を見つけ出すことができたが、それからしばらくはこの塚のことは忘れていた。

その後、私は天皇陵の研究を手がけ始め

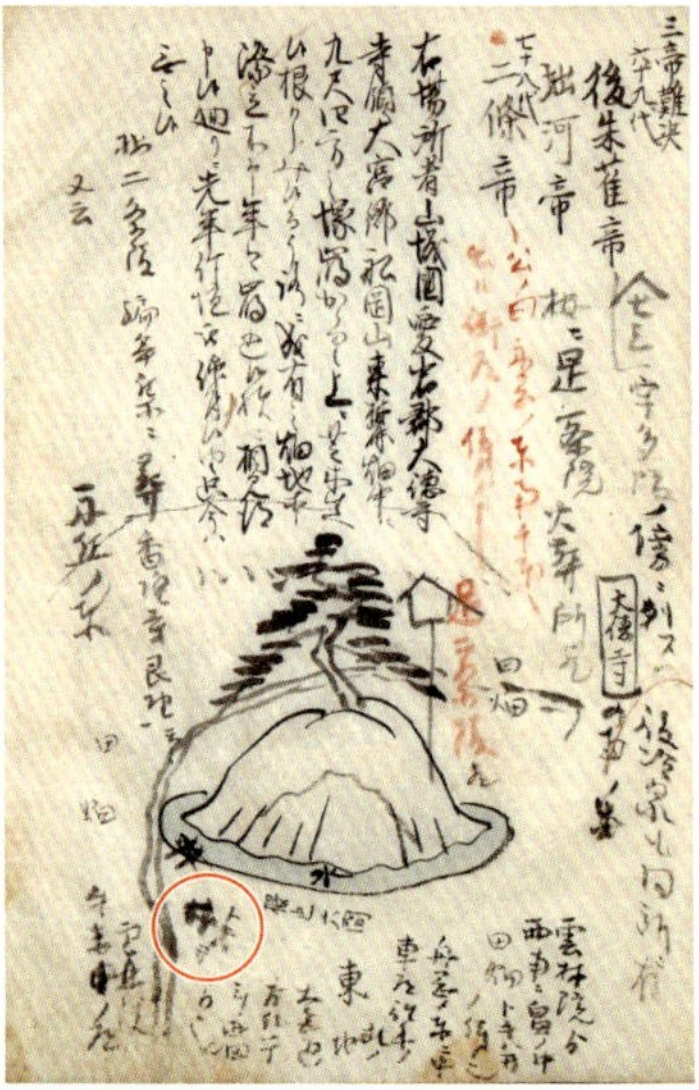

『文化山陵図』（山田蔵）にみる衣懸塚
円で囲んだ中に「トキハ井」の追記が見える。

た。文化三年（一八〇六）から同五年にかけて京都町奉行所が天皇陵を調査した記録に『文化山陵図』がある。これを見ると、紫野にいくつもの陵墓の候補地となる塚が点在しており、その中には後朱雀・堀河・二条各天皇陵のいずれかの候補とされた塚もあったことが描かれている。現在でもこの地には、宮内庁が近衛天皇火葬塚（北区紫野花ノ坊町）、後冷泉天皇火葬塚（紫野下御輿町）、白河天皇皇女・郁芳門院《いくほうもんいん》媞子《やすこ》内親王火葬塚（紫野西野町）とする塚や、紫式部の墓の伝承をもつ塚（紫野西御所田町）が残されている。ただ、その他の遺跡は近代の都市開発にともなって破壊されてしまい、もはやその位置はまったく見当がつかないことになってしまった。

あるとき、私は古書店で『文化山陵図』の写本のひとつを購入することができた。この写本には、以前の所有

近衛天皇火葬塚に治定されている塚

者によるかなりの書き込みがある。近世の京都の知識人のひとりがこの写本を入手して天皇陵めぐりを始め、気づいたことをそこにメモしていったのである。そこで私は、天皇陵研究者の外池昇氏と共に、この写本を研究することにした。

読み進んでいって、例の三天皇陵候補の塚のところに行き着いたとき、私は思わず小さな叫び声をあげた。塚の脇に「トキハ井」という文字が書き込まれているのが見えたのである。常盤井の側というのであれば、これは衣懸塚以外にはありえない。今でこそ痩せ細って見る影もなくなってしまった衣懸塚であるが、そのままいけば天皇陵に治定されてもおかしくなかったことになる。

子どもの頃に抱いた小さな興味が、長年の間に断片的な情報を引き寄せてゆき、やがてはパズルのように組み合わさって実を結ぶ。私はこのとき、ささやかではあるが確かな学問の醍醐味をあじわうことができたのである。

案内

衣懸塚と常盤井：市バス「大徳寺前」下車、西南へ約200m。住宅地の真ん中なので、場所はいささかわかりにくい。地図2

宮内庁治定の近衛天皇火葬塚：市バス「千本北大路」下車、南西へ約300m。京都ライトハウスの西側。地図3

同、後冷泉天皇火葬塚：市バス「千本北大路」下車、すぐ。千本通と北大路通の交差点の東北角なのでわかりやすい。地図3

同、郁芳門院媞子内親王火葬塚：市バス「船岡山」下車、東へ約100m。これも、北大路通に面しているのでわかりやすい。地図3

伝・紫式部墓：市バス「北大路堀川」下車、南へ約100m。地図2

㊷天保の豊年踊り——今宮神社

京都北部に、疫病除けの信仰で知られる今宮神社（北区紫野）がある。京都三大奇祭のひとつに数えられている「やすらい祭」が実施されることでも有名である。

天保十年（一八三九）三月、奇抜な格好をした集団が踊りながら今宮神社の境内に入っていった。このときの今宮神社ではちょうど神楽所《かぐらしょ》の改修をおこなっていたのであるが、氏子の町々にこの工事のための人員の派遣を依頼したところ、彼らはこれをチャンスとばかりにパフォーマンスをくり広げたのである。参加した人びとは「チョウチョウ」の掛け声でリズムを取りながら、「踊る阿呆、踊らぬも阿呆、同じことなら踊るがマシや」と踊

『ちょうちょう踊図巻』（大阪歴史博物館蔵・提供）

り続けるのであった。

　これが「豊年踊」「豊歳踊《ほうさいおどり》」「京師踊」「蝶々踊」「ちょうちょう踊」「ちょいちょい踊」「天保踊」などさまざまな名で呼ばれるようになる集団的で熱狂的な市民祭典である。この奇妙なお祭り騒ぎは、今宮神社ばかりではなく頂妙寺《ちょうみょうじ》（左京区）、瀧尾《たきお》神社（伏見区）、仏光寺（下京区）、清水寺（東山区）でもくり広げられている。三月下旬から四月にかけてこの踊りは市民を巻き込みながら拡大し、ついには下京や祇園にまでおよぶ市街地の過半を熱狂の坩堝《るつぼ》にたたき込んだのである。

　幸いなことに、この天保の豊年踊については、その実像を伝えるいくつかの絵画史料が残されている。私の手元にある『都大豊歳』という刷物の図様はまだおとなしいが、それでも、思い思いの装束に身を包んだ人びとが楽しそう

天保の豊年踊を描いた『都大豊歳』（山田蔵）

に乱舞している。大阪歴史博物館蔵『ちょうちょう踊図巻』や京都文化博物館蔵『天保踊図屛風』になると、そこに描かれた踊りの参加者は弾けまくっている。魚、虫、烏天狗、狐、相撲取り、福禄寿、雷神、不動明王など、まさになんでもありの仮装のオンパレードである。

天保十年といえば、日本中を震撼させた天保の大飢饉がようやく収まった時期であった。暗黒のトンネルをくぐり抜けた人びとは、未来への希望のエネルギーをここぞとばかりに爆発させたのであった。

今宮神社

案内

今宮神社：市バス「今宮神社前」下車、すぐ。または市バス「船岡山」下車、北へ約400ｍ。境内参拝自由。地図3

㊸ 比叡山と八瀬村民の境界紛争——赤山禅院

京都にとって、都の東北にそびえる比叡山は特別な山だ。この山の頂に鎮座する延暦寺は平安京以来の都の守護をもって任じてきたのである。

比叡山の西麓に、延暦寺の別院のひとつである赤山禅院《せきざんぜんいん》という寺（左京区修学院開根坊町）がある。第三代天台座主円仁《えんにん》（慈覚《じかく》大師）が唐に渡った際の守護神である赤山明神（泰山府君《たいざんふくん》）を祀るために、第四代座主の安慧《あんえ》が創建した寺院である。この寺の門を入ったところの茂

赤山禅院の延暦寺領の境界石
移動させられているのかもしれないが、元の場所も遠くなかっただろうと思う。

みの中に、ちょっとおもしろい石碑が隠れているのを見つけた。「是より東　山門領」「是より西　八瀬《やせ》持山《もちやま》」、つまり比叡山延暦寺（山門）の領地と愛宕《おたぎ》郡八瀬村の持山との境界を示す文字が刻まれている。同様の石碑は比叡山の山中にも点在している。

宝永七年（一七一〇）、延暦寺と八瀬村は「山門結界一件《さんもんけっかいいっけん》」と呼ばれる深刻な紛争をおこした。山門領は八瀬村の近隣まで迫っていたのであるが、一方では地元の村人が山に入ってその資源を利用することができる権利（入会権《いりあいけん》）も認められてきた。しかし、この年に至って突如として延暦寺は山門領の管理を強化し、村人の山内立ち入りを禁止したの

秋元神社の例祭の「八瀬赦免地踊」
毎年10月におこなわれる。

である。八瀬村の人びとにとってこの決定は死活問題であってとうてい承服できるものではなく、その後数年にわたって幕府に訴えかけることになる。

この争論は困難を極めたが、村人の熱烈な運動はやがて朝廷と幕府の要人を動かし、幕府の実力者で元の老中の秋元但馬守喬知《あきもとたじまのかみたかとも》の裁定によって八瀬村の主張が認められて決着するに至ったのである。喜んだ八瀬村の人びとは、鎮守社の八瀬天満宮（左京区八瀬秋元町）の境内に喬知を祭神とする秋元神社を創建してその徳恩を讃えた。そのときに始められた秋元神社の例祭は「八瀬赦免地踊《しゃめんちおどり》」として現在に伝わっている。

赤山禅院をはじめ比叡山の各所に見られる八瀬村との境界碑は、おそらくこの事件の際に建てられたものなのであろう。この石碑は一見すると単なる土地の境界のようだが、実はそこには深刻な歴史の葛藤が秘められているのである。

案内

赤山禅院：市バス「修学院離宮道」下車、東北へ約1km。境内参拝自由。地図8

秋元神社：市バス・京都バス「八瀬大橋」下車、東へ約200m。八瀬天満宮内。境内参拝自由。地図8

44 古墳時代の須恵質陶棺 ―― 深泥池東岸窯跡

考古学の研究者は、野外ではついつい下を向いて歩いてしまう。何か遺物でも落ちていないか、どうしても気になってしまうのである。本人は真剣そのものなのであるが、地面をなめ回すようにキョロキョロしている様子は、他の人からは不審人物に見えるに違いない。

京都の北郊に深泥池《みぞろがいけ》という池がある（北区上賀茂狭間町）。深さ一メートル程度の浅い池であるが、氷河時代以来の水生植物群が生き残っていて、国の天然記念物に指定されている。この池の周囲からその北側の岩倉盆地には古墳時代後期から平安時代に

深泥池
この写真の奥方向に窯跡がある。

かけての須恵器や瓦の窯が多数造られており、「岩倉窯跡群《かまあとぐん》」と呼ばれている。

岩倉窯跡群を構成する窯のひとつに「深泥池東岸《とうがん》窯跡」がある。その名のとおり深泥池の東岸の山林の中に眠っており、そこに遺物が散布している。発掘調査はされていないので詳細は不明であるが、古墳時代後期後半にあたる七世紀初頭の須恵器窯であることは確実で、岩倉窯跡群の最初期の窯のひとつである。

私はこの窯跡群の研究のために、しばしばこの付近の山林の中を歩き

深泥池東岸窯跡採集の須恵質陶棺片（山田採集）
上が表面、下が裏面である。

回った。あるとき、例によって深泥池東岸窯跡を調べていた私は、須恵器の小さな破片を拾い上げた。表面に太い突帯《とったい》が付いており、通常の須恵器とは様子が異なっている。埴輪のようにも見えるが、それでは時代が合わない。いったいこれは何だろうかと頭をひねって、はっと気づいた。これは陶棺《とうかん》（焼物の棺）だ。それも古墳時代後期の「須恵《すえ》質亀甲形《しっきっこうがた》陶棺」というめずらしい種類の陶棺の破片に違いない。陶棺の多くは土師《はじ》質であって須恵質のものは少ないし、須恵質陶棺のほとんどは「家形」と呼ばれる種類である。そして、須恵質亀甲形陶棺は近畿地方では大阪府北部地域でわずかに生産されているだけである。これは、大阪府北部と京都の古墳時代の須恵器生産の密接な関連をあらわす、きわめて重要な資料だったのである。

何の変哲もない焼物のカケラであっても、学問の方法によって問いかけるならば古代の実像を雄弁に語り出してくれる。考古学の醍醐味は、こういうところにもあるのだと思う。

【案内】
深泥池：市バス「深泥池」下車、すぐ。または地下鉄烏丸線北山駅下車、北へ約700 m。池の植物群は国指定天然記念物なので、池での魚釣りや植物採取は禁止。深泥池東岸窯跡は池の東側の山林の中であるが、専門家の案内がなければ確認はむずかしい。地図8

45 絵馬堂は宣伝ギャラリー
——三宅八幡宮

神社にお詣りすると、大量の絵馬が奉納されているのに出くわす。絵馬堂にかかっている古い絵馬の中には、美術品としても十分な値打ちをもつ堂々としたものが多い。ただ、かつての絵馬堂は構造が吹き抜けであることが多かったから、そこに飾られていた絵馬は風

三宅八幡宮の古着屋絵馬
現在は絵馬展示資料館の収蔵庫に保管されており、通常の公開はされていない。

雨にさらされて傷んでしまっていることも多い。

京都の北郊・上高野《かみたかの》の三宅八幡宮は虫八幡《むしはちまん》とも呼ばれ、小児の病気平癒祈願に訪れる人が多い。社伝によると、推古天皇の御世に小野妹子《いもこ》が宇佐八幡を勧請したのが起こりと伝えられる。この伝承の真偽は定かではないけれども、この神社のある京都市左京区上高野（もとの山城国愛宕郡高野村）の地は古代から小野氏の勢力圏となっており、上高野西明寺山《さいみょうじやま》の崇道《すどう》神社の裏山からは、小野妹子の子の小野毛人《えみし》の墓が見つかっている。また、三宅八幡宮の参道沿いには現在も「小野町」の地名が残されている。そのことから考えると、この神社が古代の小野氏の祭祀の伝統を引いているということも、あながちありえないことではなかろう。

三宅八幡宮

三宅八幡宮は庶民の信仰を集めただけあって、数多くの絵馬の優品が奉納されていた。これらは絵馬堂に掲げられていたが、平成二十年（二〇〇八）に境内に「絵馬展示資料館」が設置され、良好な環境で絵馬が保存されることになったのはよろこばしい。さらに翌年には、これら絵馬群の学術的価値が認められ、そのうちの「三宅八幡神社奉納育児・成人儀礼関連絵馬」の一三三枚が国の重要有形民俗文化財に指定されている。

この神社に奉納された絵馬をながめていて、おもしろいものを見つけた。上京の西堀川通下長者町上ルの古着屋が奉納したもので、婦人の座像とともに「御不用品、高価買入ます」と書かれている。人の集まる神社の絵馬堂は単なる信仰の場にとどまるものではなかったのだろう。それは、美術品を展示するギャラリーであり、学者の研究発表の場であり、そして商人にとっては格好の宣伝の場でもあった。そこから考えると、絵馬堂を「複合文化施設」と評価してもよいのではないかと思う。

案内

三宅八幡宮：叡山電鉄鞍馬線八幡前駅下車、東北へ約 300 m。同電鉄叡山本線三宅八幡駅下車、北へ 700 m。境内参拝自由、絵馬展示資料館は拝観料が必要。地図⑧

46 岩倉の磐座――山住神社と末刀岩上神社

古代の日本人は、自然そのもののなかに神を感じていた。日本人の神はキリスト教やイスラーム教の神のような唯一絶対の超越者ではなく、この世に存在するすべてのもののなかに宿りたもう存在であった。したがって、神は本来的には常設の社殿さえ必要とはしなかった。神社は神の住まいではなく、神が必要に応じて人間世界に姿を現すための媒体であれば事足りたのである。今も全国の神社で、自然の露岩を神の御座（磐座《いわくら》）として祀っているところがある。なかでも特に有名なのは奈良県桜井市の三輪山

山住神社の磐座

で、これは大神《おおみわ》神社の御神体そのものとされており、山中には磐座をはじめとする祭祀遺跡が点在している。また、九州の玄界灘の真ん中に浮かぶ沖ノ島（福岡県宗像市）は島それ自体が宗像大社の御神体となっており、ここでは多数の磐座からなる祭祀遺跡群が古代そのままに残されていたことで知られている。これらは、日本古来の神信仰の最も正統な継承者なのである。

洛北の「岩倉」の地には、その名称のとおり古代の磐座信仰の伝統が今も息づいている。岩倉盆地の西端に鎮座する山住《やまずみ》神社は、社殿をもたず、巨大な磐座をそのまま御神体としているのである。山住神社はかつては石座《いわくら》大明神と呼ばれていたが、明治初年にここからやや北方の

末刀岩上神社の磐座

石座神社にその名を譲り、現在は石座神社の御旅所となっている。石座神は元慶四年(八八〇)に正六位から従五位下に昇叙された記録(『日本三代実録』)があるから、遅くとも平安時代初期にはすでに祀られていたことが知られるし、おそらくはその起源は平安京遷都以前にまでさかのぼるものであろう。鬱蒼と樹木の生い茂った山塊をバックにそびえる巨岩の荘厳な雰囲気にひたると、古代の人びとがここに神の降臨する姿を見たというのも当然だったように思えてくる。

岩倉の地の南側に隣接する松ヶ崎に、もうひとつの磐座が残っている。「狐坂《きつねざか》」と通称される坂道の側にひっそりとたたずむ末刀岩上《まといわがみ》神社がそれであり、山住神社よりもやや小振りの磐座が御神体となっている。原初的な「神の御座」はむしろこちらのイメージに近いかもしれない。

案内

山住神社:叡山電鉄鞍馬線岩倉駅下車、西北へ約500 m。境内参拝自由。地図8

末刀岩上神社:地下鉄烏丸線松ヶ崎駅下車、北へ約300 m。境内参拝自由。地図8

47 土器づくりの里――木野の愛宕神社

一九七〇年代以降、日本の都市史研究はいちじるしく進んだ。そして、そのなかでも特筆されるのは、網野善彦《あみのよしひこ》氏の精力的な仕事に示されるように、それまでは単なる農村や漁村としか考えられてこなかった土地が、実は流通や商品生産の根拠地という都市としての側面をもっていたことが認識されるようになったことである。つまり、日本のあちこちにはそうした小さな都市が満ち満ちていたのだ。

京都の北郊、岩倉盆地の一角に、木野《きの》という地域がある。静かで落ち着いた古い家並みが続

木野の愛宕神社境内のかわらけ窯

く、日本のどこにでもあるような小さな集落である。この木野の村は、十五世紀から二十世紀中葉まで、京都に供給する土師器皿《はじき》（かわらけ）の生産地として知られていた。土師器皿は京都の都市民にとっては、食器として、また灯明皿として、なくてはならない生活必需品であった。木野の村人は農業の合間に、ロクロを使わない手づくねの技法を駆使して、大量の土師器皿を作り続けていた。慣れた人であれば、一日に生産することのできる皿は千枚にも及んだというから、いささか驚きである。

木野の村の鎮守社である愛宕《あたご》神社の境内には、かわらけを製造するときに使われた円筒形の窯が復元されている。窯は直径一・三メート

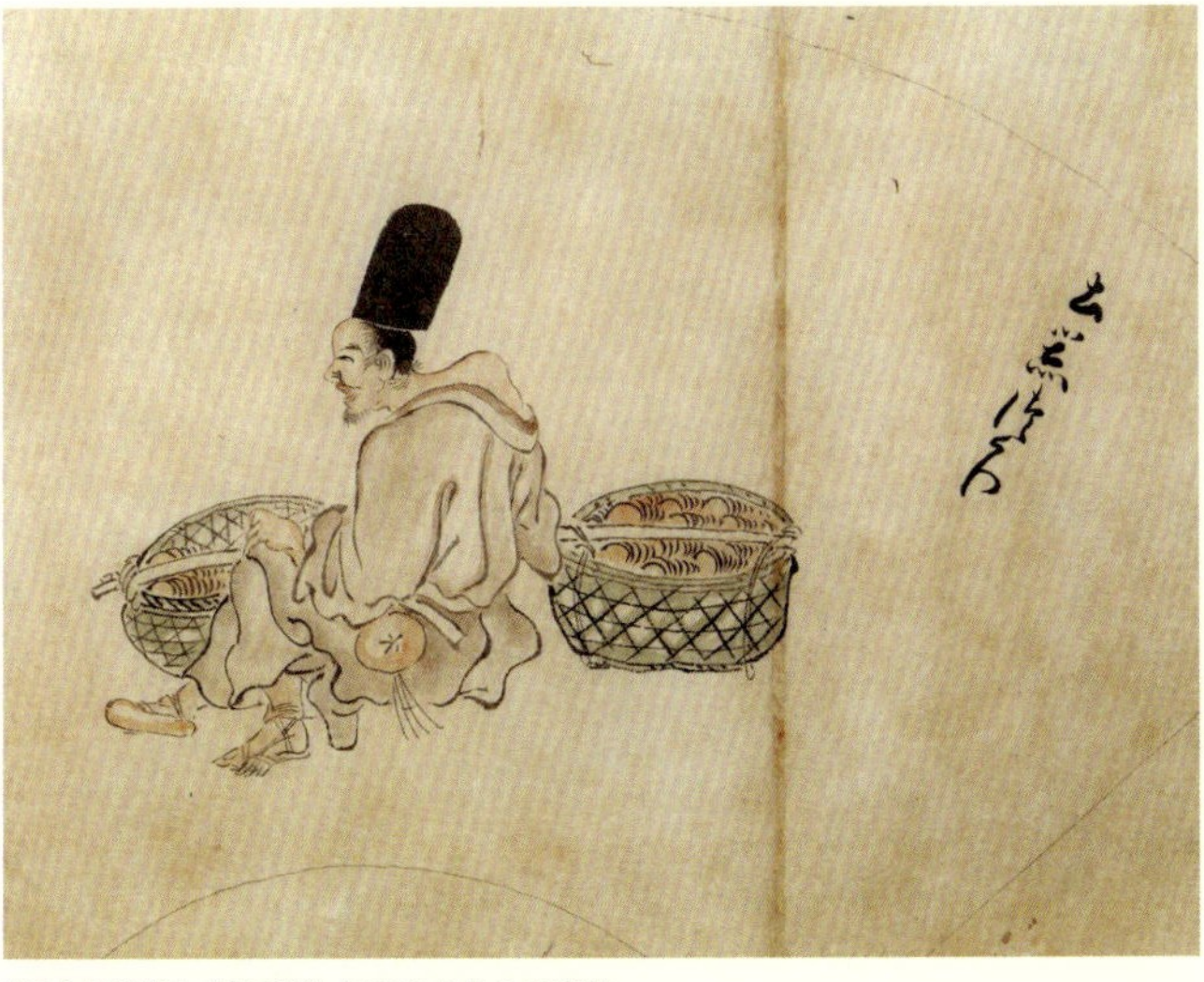

「職人尽絵巻」（山田蔵）にみるかわらけ売り

ル、高さ〇・八五メートルの円筒形で、手前には半地下式の焚き口が付属する。一回の窯詰めでおよそ一万二〇〇〇枚の土師器皿を焼くことができたという。かつては村のあちこちにこうした窯が存在したが、現存するのは愛宕神社境内の復元窯と、村の民家に保存されている一基の、あわせて二基だけにすぎない。また、木野の公民館には、かつて京都にかわらけを売りに行くときに使われた籠も残されている。

すなわち、この村は農村である一方、土器の生産地というもうひとつの顔を備えていたのである。後者の意義を重視するならば、この村のことを、小さな「工業都市」であると評価することも充分に可能であろう。巨大都市である京都の繁栄が、こうした近郊の小都市群によって支えられてきたということを忘れてはならないであろう。

案内

木野愛宕神社：叡山電鉄鞍馬線木野駅下車、西北へ約300m。境内参拝自由。かわらけ窯は境内の小屋の中にあるが、通常の公開はない。地図8

㊽ 両墓制の誕生──大森町の「大森惣墓」

現在、日本の多くの地域では、死者を葬った上に墓石を建てることが通例となっている。墓石はその家の先祖代々のものである場合と単独の個人のものである場合とがあり、また埋葬の仕方にも火葬と土葬の区別があるが、いずれにしても墓石の下に遺体や遺骨が収められていることには変わりはない。しかし、地域によってはまだまだ「両墓制《りょうぼせい》」という特異な習俗を残しているところがある。これは、遺体を埋めるだけの「埋墓《うめばか》」と、故人の供養をおこなうための「詣墓《まいりばか》」というふたつの墓地をもつ墓制である。一見奇妙にみえるこの墓制は、現在でも民俗学

大森惣墓の中世五輪塔（左：西町、中：中町、右：東町）

の重要な研究テーマのひとつになっている。

京都の郊外、北山の山間部に分け入った小盆地に、「大森」と呼ばれる山里がある。大森西町・中町・東町の三つの小集落のそれぞれに「惣墓《そうばか》」という共同墓地が付属している。ここで注目されることは、それぞれの墓地の一角に、南北朝時代(十四世紀)にさかのぼる立派な五輪塔が建てられていることである。東町墓地の五輪塔は応安五年(一三七二)、西町墓地のものは至徳二年(一三八五)に建てられたもの

大森西町の墓地
山の斜面に作られており、今も中世を彷彿とさせるような景観を保ち続けている。

である。中町墓地の五輪塔には銘文がないが、ほぼ同じ時代の建立とみてまちがいない。おそらく、中世には個々の墓に墓石を作る風習はなく、そのかわりとしてこうした五輪塔を墓地全体の供養塔として建てていたのであろう。私は、こうした石塔のことを「墓地の総祭祀施設」という名で呼んでいる。

このことは、民俗学で問題となってきた両墓制の起原について重要な示唆を与えてくれている。つまり、中世の段階では墓地全体の供養をこうした「総祭祀施設」によっておこなうにとどまっていたものが、近世にはいると個々の家が墓石をもつようになったのであろう。つまり、中世の「総祭祀施設」が分解したものが「詣墓」であり、そこにこそ両墓制の起原があると考えたいのである。

案内
大森中町・東町・西町：最も近い公共交通機関は西日本JRバス高雄・京北線（京都駅発）の「小野郷」停留所であるが、そこからさらに4 kmほどあり、徒歩だと1時間近くかかる。自動車利用でないと行きにくいだろう。地図 全体図

【洛東・山科】

49 古代・中世の火葬塚——京都大学北部構内遺跡

古代・中世の葬送関係の史料を読んでいると、ひとりの人物の墓が複数の場所に存在していてとまどうことがある。たとえば、清和天皇の陵としては、上粟田山《かみあわたやま》陵（左京区岡崎付近）と水尾山寺《みのおさんじ》（右京区水尾《みずお》）のふたつが出てくる。朱雀天皇は中尾南原陵（東山区今熊野付近）に葬られたという所伝と、醍醐寺北方の醍醐天皇陵（伏見区醍醐古道町）の傍に埋葬されたという記事

京都大学北部構内遺跡火葬塚
京都大学大学院理学研究科の敷地に復元されている。当初は塚の上に供養のための石塔が建てられていたかもしれない。

の双方がみられる。円融天皇は自らの御願寺《ごがんじ》であった円融寺《えんゆうじ》（右京区龍安寺付近）に葬られるとともに、遺骨は村上天皇陵の傍（右京区宇多野付近か）に埋められている。これらの事例は、お墓が複数存在していたように見え、現代の感覚からするといささか奇異な感を否めない。

実は、この場合の「葬」には、遺体や遺骨を埋めるということだけではなく、遺体を茶毘《だび》に伏すという意味が含まれていたのである。つまり、ある場所で遺体を火葬し、その後一定の期間を置いてから別の場所に遺骨を埋納した、ということになる。興味深いのは、これらの天皇

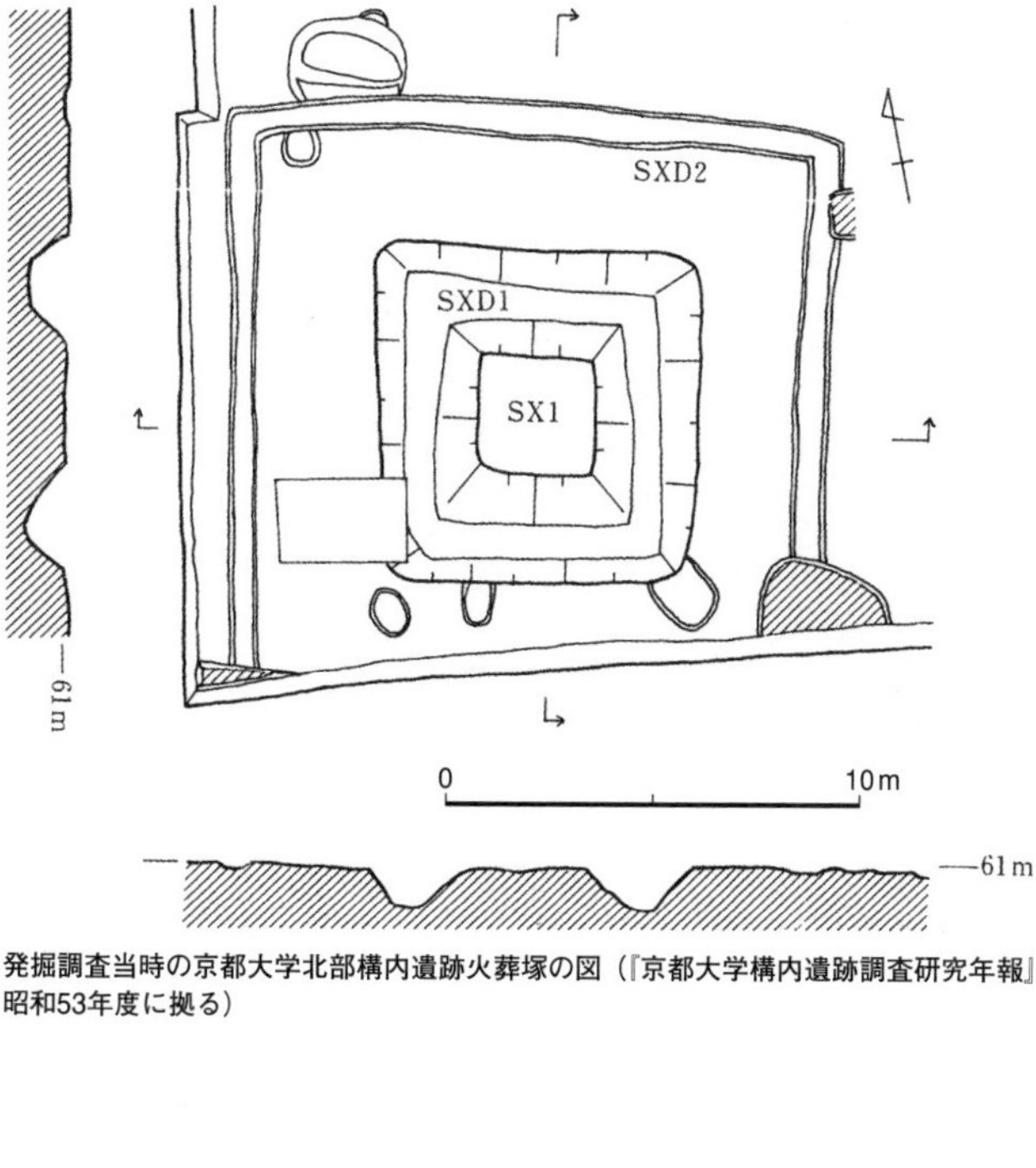

発掘調査当時の京都大学北部構内遺跡火葬塚の図（『京都大学構内遺跡調査研究年報』昭和53年度に拠る）

の場合、遺骨の埋納所ばかりではなく火葬所もまた「陵」と称されて祭祀の対象とされていたことである。「陵」は天皇の遺骨や遺体が埋納された場所のことであるから、もともとの字義からいうと火葬所を陵というのは誤用でしかない。しかし、こうした用語が疑われることなく使われるようになったこともまた事実なのである。すなわちここでは、埋葬所のもっている役割の一部が火葬所に吸い取られていったことが読み取れる。

京都大学の北部構内（左京区北白川追分町）のキャンパスの一角に、発掘調査によって確認された鎌倉時代初期の火葬塚が復元されている。一辺七・八メートルのこぢんまりとした四角い塚で、周囲に空堀をめぐらせている。ここで火葬された人物が誰であったかはわからないが、高位の貴族または皇族のひとりであったことは疑いない。私たちはこの遺跡を訪れることによって、古代・中世の葬法の一端をうかがい知ることができるのである。

案内

京都大学北部構内遺跡：市バス「京大農学部前」下車、今出川通の北側が京都大学北部構内。火葬塚は理学研究科５号館の北側に復元されている。地図1

50 複製された石仏——百万遍知恩寺の阿弥陀仏経碑

百万遍《ひゃくまんべん》の知恩寺《ちおんじ》の境内に、「阿弥陀仏経碑《あみだぶつきょうひ》」と呼ばれる石碑がある。正徳二年（一七一二）に建てられたもので、正面に「南無阿弥陀仏」の名号と阿弥陀如来座像、背面には『阿弥陀経』の全文が刻まれる。実は知恩寺のこの碑は模造品であり、その原形となった碑は福岡県宗像市の宗像大社《むなかたたいしゃ》にある。宗像大社碑は中国・宋（南宋）の紹熙六年（一一九五、改元して慶元元年）に彼の地で造られ、そこから日本に将来されたものであった。宗像大社碑は、内大臣平重盛（清盛の長子）が宋に砂金を献じたため、そ

百万遍知恩寺の阿弥陀仏経碑

の返礼として宋皇帝が送ってきたものだという伝承がある。京都の百万遍知恩寺に宗像大社碑の模造品が建てられたのは、同寺の事実上の開山であった源智《げんち》上人が重盛の孫にあたるという縁によっている。

さらに、重盛の邸宅跡との伝承がある東山の小松谷《こまつだに》の正林寺《しょうりんじ》にも、知恩寺碑と同様の阿弥陀仏経碑がある。これは延享三年（一七四六）に知恩寺碑を模倣して造られたものであるから、宗像大社碑からすると「孫」世代にあたることになる。

知恩寺碑と宗像大社碑とをくらべる

小松谷の正林寺の阿弥陀仏経碑

と、知恩寺碑のほうがかなり背が高く、像容にも若干の違いがある。考古学者・原田大六《だいろく》氏の研究によると、知恩寺碑は宗像大社碑を直接見て模造したのではなく、その拓本を元にして造られたものであったらしい。ただ、碑の大きさについては『宗像軍記』(元禄十七年〈一七〇四〉刊)という書物に間違った数値が記載されていたため、知恩寺碑を製作した石工はそれにまどわされ、結果としてできあがった作品は原碑よりも大きくなってしまったのだという。

私たちは歴史のうえで、よく「文化の伝播」という言葉を使う。しかし、「文化が伝播する」といっても、人間の移動、品物だけの移動、さらに書物や絵図という「情報」の移動といった場合を区別しなければならない。ここでとりあげた阿弥陀仏経碑の場合、石碑が中国から九州に移動し、さらにその「情報」だけが京都に伝わり、そこでさらに石碑の形に「再生」したということになる。知恩寺のこの碑は、こうした文化伝播のプロセスを考えるうえで貴重な示唆を与えてくれているように思う。

案内

百万遍知恩寺：市バス「百万遍」下車、すぐ。または京阪電車・叡山電鉄出町柳駅下車、東へ約800m。境内参拝自由。地図1

小松谷正林寺：市バス「馬町」下車、東南へ約500m。境内参拝自由であるが、阿弥陀仏経碑だけは同寺境内の保育園の構内にとりこまれているため、見学には許可が必要。地図5

51 京都の関羽さま——芝薬師大興寺

関羽《かんう》（字《あざな》は雲長《うんちょう》）といえば、『三国志』で知られる英雄だ。漢（後漢）末期の混乱のなか、劉備《りゅうび》（字は玄徳《げんとく》）の片腕として頭角をあらわし、獅子奮迅の活躍をみせた。堂々たる風貌に美しい顎鬚《あごひげ》をたくわえ、戦場では一万人を相手にしてひるまなかったうえ、寸暇を惜しんで『春秋左氏伝』を熟読するという文武両道の名将だった。ただ、最期には呉《ご》の孫権《そんけん》の軍に敗北して捕らえられ、建安二十四年（二一九）に斬首されてしまう。関羽の死の直後の章武元年（二二一）には劉備は皇帝に即位し、蜀《しょく》（蜀漢ともいう。後漢の後継者を自認していたので、正式の国

芝薬師大興寺の関帝像

号は「漢」）を建国するにいたったから、関羽は蜀の国を造り上げた最大の功労者のひとりであった。彼の武勇と忠誠は後世の人びとに大きな感銘を与え、道教では神格化されて「関帝」と呼ばれ、武神・財神として民衆の絶大な信仰を集めることになった。中国や台湾、さらには東南アジアの華僑街には必ずといっていいほど見事な関帝廟《かんていびょう》が建てられているし、日本でも横浜の中華街や神戸の南京町《なんきんまち》の関帝廟は有名である。

神楽岡《かぐらおか》（吉田山）の東麓に芝薬師大興寺《しばやくしだいこうじ》がある。この寺院は鎌倉時代に上京の中央部の上立売通堀川西入ルの地（旧地には現在も「芝薬師町」の地名が残っている）に建立さ

芝薬師大興寺

れ、元禄六年（一六九三）に現在地に移転した。ここに、室町幕府初代将軍足利尊氏が中国・元から招来したという伝承をもつ関帝像（『拾遺都名所図会』巻二）が祀られている。大興寺の関帝像は丸顔の童顔で、通俗的な関羽のイメージとはちょっと違っているけれども、トレードマークの長い顎髭はきちんとあらわされている。寺伝によれば、尊氏の夢にひとりの女人が現れ、元に軍神を求めれば百戦百勝まちがいなしという霊告を授けたという。像の正確な年代や製作地は今後の検討課題であるが、尊氏は天龍寺船（天龍寺の造営資金調達を目的とした貿易船）を元に派遣するなど国際感覚豊かな政治家であったから、彼が関帝を信仰したという伝承もむげに退けるべきではないだろう。この関帝像は、近世以前の京都における道教的要素の輸入を語ってくれるきわめて重要な資料となりうるかもしれない。

案内
芝薬師大興寺：市バス「真如堂前」下車、東へ約600m。真如堂（真正極楽寺）山門の西北方向。通常の公開はない。地図1

52 前代未聞！　三人の天皇の併立！——尊良親王墓

後醍醐天皇は確かに、日本史上まれにみる個性をもつ帝王であった。その強烈な光芒は彼の息子たちをも翻弄せずにはおかなかった。ここではそのなかから、尊良《たかよし》親王と恒良《つねよし》親王というふたりの皇子の悲劇を語りたい。

建武二年（一三三五）、後醍醐天皇の建武政権に対して反旗を翻した足利尊氏は、一旦は戦いに敗れて九州に落ち延びたもののすぐに勢力を回復し、翌年には破竹の勢いで京都に攻めのぼってきた。比叡山に籠城して抗戦した後醍醐天皇も戦局の不利を悟り、やがては尊氏から提

宮内庁治定の尊良親王墓
現在、永観堂の門前（左京区下河原町）の直径2.5m、高さ1mほどのささやかな塚が尊良親王墓に治定されている。「恒良天皇」がどこに埋葬されたのかは、わからない。

示された和平案に応じる方針を固めることになる。しかしそうなると収まらないのは、尊氏のライバルであり、もし和平が成れば行き場を失う羽目に陥る新田義貞である。結局、義貞の必死の懇請に応じた後醍醐天皇は皇太子恒良親王に皇位を譲り（『太平記』）、義貞は新天皇恒良と年長の皇子の尊良親王を擁して北陸で再起を計ることになる。一方、京都では後醍醐天皇が尊氏側に投降し、皇位のシンボルである三種の神器を尊氏によって擁立された光明天皇に譲り渡す。

永観堂（禅林寺）
浄土宗西山禅林寺派の総本山。平安時代の僧侶の永観（ようかん、またはえいかん）律師が中興したことにより永観堂と通称されるようになった。

しかし、その年の末にいたって後醍醐天皇は京都を脱出して吉野に遷り、そこで光明天皇への譲位を否認、天皇はあくまで自分であることを宣言する。ここに、光明天皇の北朝と後醍醐天皇の南朝の分立による南北朝の動乱の時代が幕を開けたのである。しかしその一方、「恒良天皇」と尊良親王が北陸で活動していたことも忘れてはならない。恒良は父帝から譲りを受けた正統の天皇なのであり、彼がその自覚のもとに行動していたことは、恒良の名による綸旨《りんじ》（天皇の命令書）が発給されている（『白河結城家文書』）ことでも明らかである。天皇が二人というだけでも異常なのに、三人の天皇の併立という前代未聞の事態が現出したのである。

しかし、運命は恒良の北陸朝廷に非情だった。足利軍の猛攻を受け、ついに尊良親王は自刃、天皇としての恒良も足利方に毒殺されてしまう。そして、尊良親王の首は京都の夢窓疎石《むそうそせき》のもとに運ばれ、東山の麓にある永観堂《えいかんどう》（禅林寺）に埋葬された（『太平記』）。同時に、恒良が天皇として即位していた事実もまた闇のなかへと葬られてしまったのである。

案内
宮内庁治定の尊良親王墓：市バス「南禅寺・永観堂道」下車、東へ約200m。または市バス「東天王町」下車、東南へ約400m。地図①

53 絶対安全でクリーンな電力——蹴上発電所

平成二十三年（二〇一一）三月十一日の東日本大震災にともなう福島第一原子力発電所の事故は、原子力の「安全神話」を粉微塵に吹き飛ばした。こうなった以上、人間が原子力という暴れ龍を自在に操ることができるなどという幻想とはキッパリと決別すべきだろう。

南禅寺にほど近い京都の東山の山麓に、明治二十四年（一八九一）に運転開始した関西電力の蹴上《けあげ》発電所が建つ。その前年に完成した琵琶湖疏水《そすい》を利用した水力発電所である。琵琶湖疏水は当初は農業用を主目的としていたが、主任技師の田辺朔郎《さくろう》

蹴上発電所の赤煉瓦の第二期屋舎
明治45年（1912）に建てられた。

が渡米して水力発電の技術に触れたことにより、電気の未来性に賭けることになったのである。欧米では一八七八年頃より水力発電はおこなわれていたし、日本でも薩摩島津家や宮城紡績会社がいちはやく自家発電装置を導入していた。蹴上発電所の創設はそれらよりわずかに後れるけれども、これは多数の顧客を対象とする電気事業用発電所としては世界最初という栄誉を担っている。京都はこれにより、日本で初めての路面電車や電灯を設置するにいたるのである。

その時以来百二十年、蹴上発電所は

蹴上発電所構内に立つ「水力発電事業発祥之地」石碑

二度の増築を経ながら、今も現役の発電所として稼働している。発電所と疏水の間の落差三三メートルの斜面には、直径二・八メートルの太い導水管が渡されて水を送り続けている。

蹴上発電所は、昭和十一年（一九三六）の第三期工事完成時には最大出力五七〇〇キロワット（現在は四五〇〇キロワット）を誇った。確かにこれは、ひとつの機械で五〇万〜一〇〇万キロワットを生み出す原発にくらべるとわずかかもしれない。しかし、原発の巨大さとそれにかかるコスト、さらには原発がもつリスクを考慮に入れるならば、蹴上発電所は充分すぎるほど健闘しているとたたえてもよいはずだ。それはクリーンであるうえに運転コストは最小限、しかも「絶対安全」なのであるから。

今も蹴上発電所は、京都という大都市の真ん中で黙々と電気を作り続けている。それを考えるときに私は、この発電所に対してなんともいえないいとおしさすら感じてしまうのである。

案内

蹴上発電所：地下鉄東西線蹴上駅下車、北へ約400m。発電所内は公開されていないが、建物などは周囲の道路から望むことができる。また、発電所の西南の山麓では、琵琶湖疏水から発電所に水を引くための導水管などを見ることができる。地図5

54 視覚障害者の心の拠り所——大炊道場聞名寺

左京区の東大路二条の付近にはいくつものお寺がかたまっているが、そのなかのひとつに大炊道場《おおいどうじょう》聞名寺《もんみょうじ》という時宗の寺院がある。即位以前の光孝天皇の御所であった小松殿を寺院に改めたと伝えられ、小松殿が大炊御門大路（現・竹屋町通）と室町小路の西北（平安京左京二条二坊七町）にあったために大炊道場の別名がついた。室町通竹屋町上ルに残る「道場町」という地名がこの寺の故地を表している。その後、豊臣秀吉の都市改造によって寺町通竹屋町に移転、さらに宝永五年（一七〇八）の大火によって現在地に移った。

大炊道場聞名寺
中央奥が光孝天皇供養塔である。

聞名寺の本堂前には、二基の大きな石造層塔が立っている。南側のものは新しいが、北側のものは室町時代の立派な遺品である。この塔は光孝天皇の供養塔であるとされている。江戸時代の京都地誌である『雍州府志《ようしゅうふし》』を見ると、光孝天皇皇子の「雨夜皇子《あめよおうじ》」は目が見えなかったため、天皇は特に視覚障害者に対して甚だ同情を寄せていた。そこで光孝天皇は、そうした人びとに田地や食糧を賜ったと書かれている。別の説では雨夜皇子というのは仁明天皇皇子の人康《さねやす》親王の別名だともいわれており、この場合には同皇子は光孝天皇の弟ということになる。いずれにせよ、神話的な人物であることは間違いない。

江戸時代の当道職屋敷跡
当道座の惣検校（そうけんぎょう）の屋敷であった清聚庵（せいじゅあん）をこう呼んだ。

こうした伝説の真偽はともかくとして、近世の視覚障害者は光孝天皇と雨夜皇子を自らの守護神と考えるようになった。彼らは平家物語を語る琵琶法師のほか、箏曲《そうきょく》・三弦《さんげん》・鍼灸《しんきゅう》・按摩《あんま》などを生業とし、中世には「当道座《とうどうざ》」と呼ばれる職能集団を形成していった。当道座の人びとは、毎年二月十六日と六月二十四日には鴨川の四条河原に出て行き、光孝天皇と雨夜皇子を祀って石を積む積塔会《しゃくとうえ》をおこなっていた。さらに、光孝天皇ゆかりの大炊道場聞名寺もまた、彼らのあつい信仰を集めることになった。

近代以前は、自力救済が基本とされた時代である。それは実力主義といえば聞こえはいいが、時には弱肉強食となる怖ろしい側面をもっていた。身体に障害を持つ人びとがそうした時代の中で生き抜いていくことは決して容易ではない。彼らは同じ境遇の人びとと同士で団結するとともに、はるか昔の聖人に対する信仰を心の拠り所としていったのである。

案内
大炊道場聞名寺：地下鉄東西線東山駅下車、北へ約500m。または市バス「東山二条」下車、南へ約100m。境内参拝自由。地図1
当道職（とうどうしょく）**屋敷跡**：地下鉄烏丸線四条駅下車、東へ約300m。または市バス「四条高倉」下車、南へ約400m。阪急電車烏丸駅下車、南へ約400m。洛央小学校正門前に石碑がある。地図6

55 もうひとつの三十三間堂――得長寿院跡

三十三間堂（蓮華王院《れんげおういん》）は京都観光の定番のひとつである。横幅一二〇メートルという巨大な建物と、その中に鎮座する千一体の観音菩薩像は、いずれも圧倒的な力感をもって見る者に迫ってくる。現在の三十三間堂の建物は鎌倉時代の再建であるが、もともとは平安時代末期の長寛二年（一一六四）に後白河法皇のために平清盛が造営したものである。この地は後白河法皇の院御所

得長寿院跡
岡崎公園に隣接する琵琶湖疏水のほとり（左京区岡崎徳成町）に顕彰碑が立つ。

であった法住寺殿《ほうじゅうじどの》の一角であり、三十三間堂はその中心的な御堂であった。蓮華王院三十三間堂は、のちには厳しく対立することになる法皇と清盛にとっては、蜜月時代のシンボルともいえる存在だった。

ただし、三十三間堂と呼ばれた建物は蓮華王院だけに限られていたわけではない。それからさかのぼること三十年、平安京から鴨川を隔てた白河の地（現・岡崎公園付近）に、後白河法皇の父である鳥羽法皇の御願寺である得長寿院《とくちょうじゅいん》があった。長承元年（一一三二）、ここに丈六の十一面観音像と千体の等身観音を納めた三十三間堂が建立された。この建物を鳥羽法皇に寄進したのは清盛の父であった平忠盛《ただもり》。法皇

琵琶湖疏水にかかる徳成橋
徳成町という地名は得長寿院跡からきている。

の信任厚い伊勢平氏の棟梁《とうりょう》である。

伊勢平氏はその呼び名のとおり、東国において勢力を蓄えた武士団であった。それが、清盛の祖父正盛の代にいたって、さらなる栄達を目指して都に進出した。正盛の子の忠盛も、当時の最高権力者であった院に対して献身的な奉仕をおこなった。そして、忠盛は得長寿院の造営の功が認められたことによって殿上人《てんじょうびと》の座を手に入れ、さらなる出世の階段を駆け上がることになる。あと数年の寿命さえ与えられていたならば、忠盛は武士としては初めての公卿への昇進を果たしていたはずである。

伊勢平氏の棟梁であった忠盛と清盛の父子は、院政の主である鳥羽法皇と後白河法皇の父子のために、別個の三十三間堂を造進した。ふたつの三十三間堂はそのまま、『平家物語』に描かれた伊勢平氏の栄華の基礎を固めたのである。

案内
得長寿院跡：京阪電車神宮丸太町駅下車、東南へ約800m。地下鉄東西線東山駅下車、北へ約800m。市バス「東山二条」下車、北へ約300m。このあたりが「岡崎徳成（とくせい）町」と呼ばれるのは、「とくちょうじゅいん」→「とくちょう」→「とくせい」と言葉が変化したのであろう。地図①
蓮華王院三十三間堂：京阪電車七条駅下車、東へ約400m。または市バス「博物館・三十三間堂前」下車、すぐ。参拝には拝観料が必要。地図⑥

56 望楼をもつ小学校——旧有済小学校

誰にとっても小学校というのは懐かしい存在であるだろう。しかし、京都の市民の小学校に寄せる思いというのはまた格別のものがある。京都はわが国で最初に小学校を整備した都市だからである。

明治維新の天皇東幸《とうこう》（明治天皇が東京に遷る）による衰亡の危機を乗り越えた京都が、まず取り組んだのは行政区画の組み

旧有済小学校の望楼
昭和27年（1952）に校舎の屋上に移された。

直しであった。これにより、上京で三十三番組、下京で三十二番組という新しい「町組《ちょうぐみ》」が造り上げられた。これによって京都は、近代の市民自治の基盤を整える。

同じ頃、京都の市民の間では自分たちの子弟への教育の重要性が語られるようになってきた。京都はもともと教育に熱心な土地であり、子供の教育こそが新時代にとってもっとも必要な事業であることが認識されていた。これに応じた京都府も、再編された町組ごとに小学校を創設する方針を固めたのである。

明治元年（一八六八）九月、上京第二十七番組小学校（のちの柳池《りゅうち》小学校）が仮校舎において授業を開始した。同校は明治二年五月二十一

京都市立御池中学校前の「日本最初小学校　柳池校」記念碑

日に正式開校し、これこそがわが国最初の小学校の誕生だったのである。この学校は現在は京都市立御池《おいけ》中学校（中京区御池通柳馬場東入ル東八幡町）となっており、その前に「日本最初小学校　柳池校」の記念碑が立っている。そして、同じ年のうちには六四の小学校すべてが開校する。慶應義塾の創設者である福沢諭吉はかねてから東京で初等教育の重要性を訴えていたのであるが、京都に来てみると自らの理想がすでに実現していた。これを知った福沢は大きな衝撃を受けるとともに、京都の先進性を絶賛したのであった。

京阪電車三条駅の南側に、旧・京都市立有済《ゆうさい》小学校の建物が残されている。この建物の屋上を見上げると、明治九年（一八七六）に造られた望楼が付近を睥睨《へいげい》している。火見櫓と、時刻を知らせるための太鼓楼をかねた建物で、京都の小学校に現存する唯一の遺構である。町組ごとに建てられた小学校は、教育の場だけではなく地域の中心となっていったのである。

案内

旧有済小学校：市バス「三条京阪前」下車。地下鉄東西線三条京阪駅・京阪電車三条駅下車、南へ約 200 m。小学校が廃校となったために立ち入りはできないが、周囲の道路から望楼を眺めることができる。地図5

「日本最初小学校　柳池校」記念碑：地下鉄東西線京都市役所前駅下車、西へ約 400 m。地下鉄東西線・烏丸線烏丸御池駅下車、東へ約 500 m。市バス「堺町御池」下車、東へ約 100 m。地図6

57 日本一長い地名——東山区の北木之元町・南木之元町

ふと思いついて、インターネットで「日本一長い地名」を検索してみると、ふたつの事例がでてきた。ひとつは、愛知県海部《あま》郡飛島《とびしま》村大字飛島新田字竹之郷《たけのごう》ヨタレ南ノ割《わり》というもので、文字数は二五文字、カナでは四三文字に及んでおり、確かにこれは長い。通例ではこちらが「日本一長い地名」になっているらしい。

しかし、もうひとつの「長い地名」が京都にある。東山区にある北木之元町《きたきのもとちょう》と南木之元町というのがそれである。京都

北木之元町の町名標
京都の旧市街には、このような地名の看板がたくさん残っている。

ではひとつの地名に複数の表記が可能であってややこしいのであるが、この両町の最も長い表記は「京都府京都市東山区三条通南裏二筋目《みなみうらふたすじめ》白川筋西入ル二丁目北側北木之元町・南側南木之元町」となる。どちらも文字数は三三文字、カナに直すと六三文字と六五文字、訓令式ローマ字にすると一〇三文字と一〇七文字、ついでにヘボン式ローマ字に書き換えたならば実に一〇七文字と一一三文字にも及んでおり、確かにダントツの日本一である。もっとも、これではさすがに不便なのか、最近では「京都府京都市東山区東大路通三条下ル二筋目東入ル北木之元

南木之元町（ここでは南木之内町になっている）の町名標

町・南木之元町」と書くのが一般的になってきている。それでも二八文字で、長いことには変わりはない。

京都では伝統的に、東西南北の道路名と方角表示（上ル、下ル、西入ル、東入ル）と町名を組み合わせて場所を表す。道路名なんか不要だから省いてしまえなどという人がいるが、京都市内には同名異地の町が多く、菊屋町と枡屋町は七カ所、大黒町と中之町は一〇カ所、亀屋町にいたっては一一カ所も存在しており、道路名を付けなくては区別ができない。日本郵便が出している郵便番号一覧表で京都市のところだけが異常に分厚いのを見ても、京都の地名の複雑さがわかる。

道路名と方角表示を組み合わせる地点表示は、平安時代末期から鎌倉時代に「万里小路《までのこうじ》より東、五条坊門《ごじょうぼうもん》小路より南」というような形で表れる。町名も、戦国時代には確実に町衆《ちょうしゅう》の自治組織として登場する。これだけの伝統をもっているのだから、京都の地名はそれ自体が生きた文化遺産なのである。

案内

北木之元町・南木之元町：地下鉄東西線東山駅下車、南へ約200m。市バス「東山三条」下車、南へ約200m。地図5

58 赤子を守り、役目を終えて――青蓮院の胞衣塚

東山の山麓に、天台宗の門跡《もんぜき》寺院である青蓮院《しょうれんいん》(東山区粟田口三条坊町)がある。過日、私はわが大学の女子学生たちと共にこの寺を訪れた。いつもならば宸殿《しんでん》や庭園を一周するだけなのだが、このときは庭園の東側の山の斜面に上がってみた。そこに祀られた日吉社の前に、六本の石碑が立っている。明治時代の皇族の多嘉王《たかおう》(久邇宮《くにのみや》朝彦《あさひこ》親王の王子)の子女の「胞衣《えな》」の埋納所である。

胞衣についてわが女子学生諸君に質問してみたのであるが、みんな怪訝《けげん》な顔で首をかしげてい

青蓮院の多嘉王の子女の胞衣塚
これが青蓮院にあるのは、多嘉王の父の朝彦親王が幕末に青蓮院門跡を務めていた関係であろう。

る。しかし彼女らも将来は子供を授かることがあるかもしれない。だから、やっぱりこういうことは知っておいてもらわねばならない。そこで、その場を借りて胞衣についての即席の講義をすることになった。

胞衣とは、妊娠中の女性の子宮の中で、胎児に栄養を供給していた胎盤のことである。分娩が終わると胎盤は役目を終えて排出されるので「後産《あとざん》」とも呼ばれている。縄文時代には住居の入口に甕が埋められていることがあり、これが胎盤を納めたものと推定されている。古代・中世には胞衣には墨と筆を添えて埋めるのが慣例で、平城京の奈良時代の貴族邸宅跡からはその実例が発掘されているし、室町時代の史料にもそうした風

西院春日神社の仁孝天皇胞衣塚

清荒神護浄院の光格天皇胞衣塚（御胞塚）

習が記されている。近世には胞衣は特別の壺に入れて家の玄関先に埋めることがおこなわれ、京都市内の遺跡の発掘調査ではしばしば胞衣壺を見いだすことができる。

胞衣を埋めた場所は大抵はすぐに忘れ去られるけれども、貴人の場合にはそこが永く記憶にとどめられることもある。京都市内の寺社では、例えば清荒神《きよしこうじん》護浄院には光格天皇、若宮八幡宮には孝明天皇、西院《さい》春日神社には仁孝天皇など、思わぬところで胞衣塚に出会うことも多い。胞衣は穢れたものだとする考えもあるが、寺社の目立つ場所に胞衣塚が営まれていることから見るとそうした理解は疑問である。胞衣が赤ん坊を守る大事な役割を果たしていたことは人びとによく認識されており、それだからこそ彼らは丁重に胞衣を埋納したのだと思う。

案内

青蓮院：地下鉄東西線東山駅下車、東南へ約 500 m。市バス「神宮道」下車、南へ約 200 m。参拝には拝観料が必要。地図5

清荒神護浄院：第 20 項参照。地図2

西院春日神社：下巻・第 109 項参照。阪急電車京都線西院（さいいん）駅下車、西北へ約 300 m。京福電鉄嵐山本線西院（さい）駅下車、西北へ約 500 m。市バス「西大路四条」下車、西北へ約 300 m。境内参拝自由。地図7

59 鴨川の治水神——目疾地蔵仲源寺

平安時代後期の白河法皇が、「朕の思いのままにならないもの、それは賀茂川（鴨川）の水、双六の賽《さい》、そして比叡山の山法師（いわゆる僧兵）だ」と語ったというエピソードがある（『平家物語』）。絶対的な独裁君主であった法皇にしてはめずらしい愚痴である。三つのうちのひとつに鴨川が入っているのは、京都の住民にとっての鴨川がいかに重要な川だったかということを物語っている。

京都の繁華街、四条通に面して、仲源寺《ちゅうげんじ》という小さなお寺がある。眼病平癒の信仰で知られ、「目疾《めやみ》地蔵」というニック・ネームのほうが通りがよいだ

目疾地蔵仲源寺

ろう。その一方で、近世の京都市民はこのお地蔵さんを「雨止地蔵《あめやみじぞう》」とも呼び、鴨川の洪水を治めてくれる仏様だという伝説を信じていた。鴨川の洪水の心配がほとんどなくなった現在も、このお寺の門には「雨奇晴好《うきせいこう》」の扁額が懸けられており、かつての治水信仰のなごりを伝えている。

こうした「鴨川の治水神」の系譜を復元してみると、中世から近世にかけての京都市民は、四条から五条にかけての鴨川の東岸にはさまざまな形の「治水神」が鎮座していると考えていたらしい。この地域には、中国の治水神・禹王《うおう》（中国の初期王朝「夏《か》」の初代の王で、黄河の治水に力を注いだというところから水利や土木の神様となった）、平安時代の陰陽師・安倍晴明、さらには弁財天など、水に

鴨川の松原橋
平安時代の五条橋であり、この付近に中島が存在し、そこに法城寺が建っていた。

霊験のあるさまざまな神仏を祀る祠や寺院が点在していたのである。特に、中世の鴨川にかかる五条橋（現在の松原橋）のところには中島があり、そこに治水神の本拠としての法城寺《ほうじょうじ》（寺号は「水去りて土と成る」の意）という寺院が存在したことが知られている。

ただ、そうした治水神の聖地の多くは桃山・江戸時代にはいって衰退してしまった。五条橋中島も豊臣秀吉の政策によって破壊され、そこにあった法城寺も移転に追いこまれた。仲源寺はその間隙に乗じて、そうした各地の治水神伝承を自らのもとに集大成し、最大の治水神の聖地にのしあがっていったと考えられる。そこで整えられた寺伝によると、鎌倉時代に鴨川の治水を担当する役人（防鴨河使《ぼうかし》）のところに仲源寺の地蔵菩薩の化身である僧が現れ、川北に弁財天の社を、川南に禹王の廟を祀れば洪水が治まると告げたという。現在の鴨川も、普段は穏やかではあるが、雨の後には増水してかつての暴れ川の片鱗を見せている。

案内

目疾地蔵仲源寺：京阪電車祇園四条駅、または市バス「四条京阪前」下車、東へ約100m。阪急電車河原町駅下車、東へ約400m。境内参拝自由。見ものは、観音堂に安置されている千手観音像（平安時代、国指定重要文化財）。地図5

松原橋：京阪電車清水五条駅下車、北へ約400m。または市バス「河原町松原」下車、東へ約150m。地図6

60 時宗が造ったリゾート地——円山公園の安養寺

東山の円山公園といえば、「祇園の夜桜」と呼ばれる枝垂桜《しだれざくら》でも有名な遊興の地である。春も盛りの時期には、花見客のにぎわいは大変なものだ。公園の裏山から京都市内が一望に見渡せるのも魅力のひとつである。この公園は明治十九年（一八八六）に造られたものであるから、国内でも非常に古い公園の部類にはいる。

しかし、円山の地が京都市民の憩いの場となったのは、それよりはるか古くにさかのぼる。この地にはもともと、安養寺《あんようじ》、双林寺《そうりんじ》と

安養寺

いった時宗《じしゅう》の寺院が建ち並び、その境内地となっていた。そして、これらの寺院は境内に多くの塔頭《たっちゅう》寺院を擁しており、それらが事実上の料亭の役割を果たしていたのである。

安養寺の塔頭には、勝興庵《しょうこうあん》正阿弥《しょうあみ》、長寿庵《ちょうじゅあん》左阿弥《さあみ》、花洛庵《からくあん》重阿弥《じゅうあみ》、多福庵《たふくあん》也阿弥《やあみ》、延寿庵《えんじゅあん》連阿弥《れんあみ》、多蔵庵《たぞうあん》源阿弥《げんあみ》の六坊があり、それらは「六阿弥《ろくあみ》」と通称されていた。六阿弥はいずれも、見事な庭園と洛中が一望できる景観を売物にして客を集めていた（『都名所図会』）。双林寺の塔頭でも文人墨客が集まって書画の展覧会がしばしば開かれたというから（『東山名勝図会』）、文化サロンおよびギャラリー機能までも備えていたわけであ

左阿弥
安養寺の六阿弥の中で唯一現存し、現在も料亭として営業している。

る。さらに、明治維新後、正阿弥と也阿弥は外国人客を迎えるための京都で初めての西洋風の宿泊施設である「也阿弥ホテル」に変身した。さらに、現在も左阿弥は料亭として繁盛を続けている。

時宗は、他の宗派から仏教の堕落と非難されるほど、積極的に俗世界と関わり続けた。日本民俗学の創始者柳田國男《やなぎたくにお》は、半僧半俗の生活をおこなう時宗の僧たちのことを「俗聖《ぞくひじり》」と呼んだ。近世の時宗はそうした俗聖たちによって支えられてきたのである。安養寺や双林寺などの寺院は、京都における時宗の一大根拠地であった。

それにしても、こうした観光サービス業まで多角経営していた時宗寺院の積極性にはまったく驚くほかない。京都市民の憩いの場である円山公園は、近世の時宗が造りあげた総合リゾート地としての伝統を今に伝えているのである。

案内

安養寺：京阪電車祇園四条駅下車、東へ約 1.5 km。または市バス「祇園」下車、東へ 900 m。参拝には拝観料が必要。地図5

左阿弥：安養寺の門前に所在する料亭。地図5

61 躍動の宗教家──長楽寺の一遍上人像

鎌倉時代の日本に、「踊り念仏」と呼ばれる熱狂的なパフォーマンスによって民衆の絶大な支持を集めた僧がいた。時宗《じしゅう》の開祖、一遍《いっぺん》上人智真《ちしん》である（下巻・第92項参照）。

時宗は一般にはあまりなじみがないかもしれないが、京都でこの宗派について触れるとするならば、円山公園の奥にある長楽寺《ちょうらくじ》を訪れるとよい。ここには、一遍をはじ

長楽寺の一遍上人木像（長楽寺提供）

めとする時宗の祖師《そし》（遊行《ゆぎょう》上人という）の木像七体が安置されているのである。この寺はもともとは比叡山の天台宗に属していたが、室町時代前期の至徳二年（一三八五）に時宗に改宗した。明治にはいって時宗遊行派の本山である七条道場金光寺（跡地は京都市下京区材木町）の末となった。なお、金光寺という時宗寺院は京都の市中にふたつ存在しており、ひとつは市屋道場、もうひとつが七条道場の通称で呼ばれていたからややこしいのだが、混同してはならない。明治の末になって、はからずも七条道場金光寺が衰滅したため、長楽寺がその名跡《みょうせき》を引き継ぐことになった。時宗の歴代遊行上人の木像が長楽寺に存在するのは、こうした事情による

長楽寺

ものであった。

長楽寺の宝物殿に安置されている一遍の木像を見よう。七条道場金光寺に隣接して慶派《けいは》（平安時代の定朝《じょうちょう》や鎌倉時代の運慶が属した仏師の一派）の仏像工房である七条仏所《ぶっしょ》があったが、この一遍上人像は応永二十七年（一四二〇）にそこで製作された由緒正しいものである。引き締まった体躯。鋭いまなざしと精悍な表情。わずかに開いた口元からは、念仏の六字名号が聞こえてくるようだ。特徴的なのは、わずかに腰をかがめ、片足を前に出して歩きだそうとしていることである。これは、旅から旅へと布教の日々を過ごしてきた一遍の生涯を象徴している。

一遍の足跡は西は九州の筑前国（福岡県）から北は陸奥国江刺郡《えさし》（岩手県）という広域に及んだ。彼の生涯はまさに日本全国を股にかけたダイナミックなものであり、日本中世にあってこれほどまでの活動範囲をもっていた人物はほかにない。彼の人物像を一言で表すならば、「躍動の宗教家」という表現こそが最もふさわしいのではなかろうか。

案内
長楽寺：京阪電車祇園四条駅下車、東へ約1.5 km。または市バス「祇園」下車、東へ900 m。境内参拝と宝物館拝観には拝観料が必要。地図5

62 男断ちの絵馬——安井金比羅宮

神社にかかっている絵馬は、何か悩みを抱える人、願望をもつ人が神さまにすがる手段である。しかし、こんな奇妙な願い事はほかに聞いたことがない。

明治二十二年（一八八九）、当時五十四歳だった女性が京都の安井金比羅宮に絵馬を奉納した。彼女はいう。「是まで男さんを持って困りました故、此度心を相あらため、男さん一切御断り」。つまり、これまでの男性関係の多様さを反省し、「男断ち」を神に誓った証がこの絵馬なのである。絵には、髪を切って法衣姿となった彼女の横に、彼女が過去に関係した十数人の男性が行列をつくっている。

安井金比羅宮の「男断ちの絵馬」

さらに驚くのは、この絵馬の隅に小さく書かれているのは「但し三ヶ年間之事」という但し書きが書かれていることだ。せっかく「男断ち」の決心をした彼女であったが、三年以上続ける自信がなかったのであろう。直截《ちょくせつ》すぎるほどのあまりの正直さ！　この女性、いったいどんな人生を送った人物だったのであろうか。

安井金比羅宮は、もとは安井御所蓮華光院という門跡寺院の鎮守社であった。祭神は大物主神《おおものぬし》、崇徳上皇、源頼政。崇徳上皇は保元の乱で讃岐（香川県）に流されてその地で憤死したのであるが、上皇の崩御後にその寵妃のひとりであった烏丸殿という

安井金比羅宮絵馬館

女性が都に帰ってこの地に逼塞《ひっそく》し、上皇の霊をなぐさめるための御廟を建立した。その後身が安井金比羅宮なのである。そこには光明院観勝寺という寺院も建てられていたが、これは室町時代に荒廃してしまったため、その跡地に蓮華光院が移転してきた。こうした事情で、安井金比羅宮は蓮華光院の中に取り込まれることになったのである。

この神社は祇園の花街に近いため、そこに生きた女性たちの信仰があつかった。そうした事情もあって、ここには近世から近代にかけての大量の絵馬が奉納されてきた。昭和五十一年（一九七六）、絵馬堂を改造して「安井金比羅宮絵馬館」という博物館施設が造られ、絵馬の恒久的な保存と見学ができるようになった。「男断ちの絵馬」も、この絵馬館におさめられている。ここで見られる絵馬の大群は、この神社がいかに庶民の信仰を集め続けたかを如実に語ってくれている。

案内

安井金比羅宮：市バス「東山安井」下車、すぐ。または京阪電車祇園四条駅下車、南東へ約 900 m。境内参拝自由、絵馬館の見学には拝観料が必要。地図5

63 室町幕府の「国分寺」——東山の八坂の塔

古代・中世の国家は、その領土の隅々にまで国立の宗教施設を配することがあった。古代学者、角田文衛《ぶんえい》博士によると、唐帝国には各地に開元寺《かいげんじ》が置かれたし、ローマ帝国には皇帝崇拝の拠点であるアウグストゥス神殿（州分寺《しゅうぶんじ》）が属州ごとに置かれたという。日本の奈良時代にも、聖武天皇の勅願によって六六カ国二島に国分寺（金光明四天王護国寺）・国分尼寺（法華滅罪寺）が設置されたことは周知の

八坂の塔

事実である。こうした事業によって、国家宗教である仏教はその領土の隅々まで浸透させられたし、それら宗教施設はそれぞれの地域における最先端の文化の拠点にもなっていった。

こうした事業は、室町時代にもおこなわれている。室町幕府を開いた足利尊氏・直義の兄弟は、元弘の乱から南北朝の内乱によって犠牲となった人びとの霊を慰めることを目的として、全国に寺院と塔を設置したのである。この寺院を「安国寺《あんこくじ》」、塔を「利生塔《りしょうとう》」と呼ぶ。もっとも、財政的な制限のために寺院や塔を新造するにはいたらず、既存寺院の看板を掛け替えるだけにとどまったものも多

飛鳥時代の八坂の塔の塔心礎
一層目から覗くことができる。

かったのだが、それはやむをえまい。

　幕府のお膝元である山城国の場合には、四条大宮の付近に安国寺（北禅寺《ほくぜんじ》）が創建されるとともに、東山の裾にそびえる法観寺《ほうかんじ》五重塔（八坂の塔）が利生塔にあてられた。法観寺は京都でも最古の寺院のひとつであり、その起源は飛鳥時代にまでさかのぼる。現在の塔は永享十二年（一四四〇）に室町幕府第六代将軍足利義教の献金によって再建されたもので、応仁の乱の戦火をくぐり抜けて現存する貴重な建築である。なお、塔の建物は室町時代中期の再建であるが、その塔心礎《しんそ》には飛鳥時代のものがそのまま使われている。このように心礎を間近に見ることができる塔はめずらしい。

　奈良時代の国分寺は誰でも知っているが、室町幕府の安国寺・利生塔は影が薄い。しかし、草創期の室町幕府が戦乱の合間になしとげたこの大事業のことは、もっと多くの人に評価されてもよいように思う。

案内
八坂の塔：市バス「清水道」下車、東へ約300ｍ。または京阪電車祇園四条駅下車、東南へ約１km。参拝には拝観料が必要（不定休）。地図5

64 六道詣りの勧進柄杓
——六道珍皇寺

京都の市中から東山に向かう松原通に面して、「六道《ろくどう》さん」の別称で親しまれている珍皇寺《ちんのうじ》（「ちんこうじ」とも訓む＝東山区松原通大和大路東入ル小松町）がある。ふだんは静かなこのお寺であるが、一年に一度だけは立錐《りっすい》の余地のないほどの人波で埋まる。京都のお盆の行事のなかで最も大事なもののひとつである「六道詣《まい》り」の時がそれである。参詣者はそれぞれ、祈りを込めながら

六道詣りのときの珍皇寺の本堂
現代の勧進柄杓は、小さな竹籠のザルに長い竹の柄を取り付けている。

「迎《むか》え鐘」を撞《つ》く。この鐘の音とともに、先祖の魂である「お精霊《しょうらい》さん」がこの世に帰ってくるのである。境内の閻魔《えんま》堂には冥界の支配者である閻魔大王や、現世と地獄とを往来したという貴族・小野篁《おののたかむら》の像が祀られており、この場所が異界の入り口にあたっていることを示している。

「三十三番職人歌合」、「清水寺参詣曼荼羅」、「上杉家本洛中洛外図屏風」、「舟木家本洛中洛外図屏風」といった中世や近世初期の絵画史料を見ていると、長い柄杓で賽銭《さいせん》を集めている僧侶の姿に出会うことができる。この長い柄杓は勧進柄杓《かんじんびしゃく》と呼ばれ、各地を行脚して寺院への寄付を集める

「職人尽絵巻」（山田蔵）にみる勧進聖

「勧進聖《ひじり》」の必携の道具であった。さらに、この柄杓は寺院におけるお賽銭の集金にも活躍した。六道珍皇寺には戦国時代の「珍皇寺参詣曼荼羅」が残っているが、ここに描かれた珍皇寺の本堂では、六人の僧侶が長い勧進柄杓を突き出してお金を集めている。

そんな中世の珍皇寺の風景を思い浮かべながら、私は六道詣りに出かけた。本堂の前は、お札を書いてもらったり、御本尊の薬師如来に祈りを捧げたりする善男善女でいっぱいだ。人波に揉まれながら本堂にたどりついたとき、私は思わず目を見開いた。お蠟燭《ろうそく》のお金集めを勧める若者たちが手にしていたのは、簡易品ではあるがまさに勧進柄杓そのものだったのである。中世がここに生き続けている！　思いもかけなかった光景を目の当たりにして、私の心はたちまち遥かなる中世へとタイム・スリップしていったのである。

案内

珍皇寺：市バス「清水道」下車、西へ約150m。または京阪電車清水五条駅下車、東北へ約900m。境内参拝自由。地図5

65 石塔になった石棺——六波羅蜜寺の阿古屋塚

史跡を歩いていると、ひょんなところで思いもかけないものに出会うという楽しみがある。街角にころがっている石にとてつもない伝説がからんでいたり、お寺の片隅にひっそりとたたずむ仏像が実は驚くほど古い時代に作られた貴重な遺品だったりするのを見つけたときには、なんだかとても得をしたような気分になる。史跡めぐりの醍醐味

六波羅蜜寺の阿古屋塚
台石が古墳時代の石棺である。

とは、こうしたささやかな〝発見〟をくり返していくところにあるのだと思う。

六波羅蜜寺といえば、平安時代中期に活躍した市聖《いちのひじり》・空也《くうや》上人が開基となった洛東の名刹である（初名は西光寺）。創建から現在に至るまで、常に庶民信仰の中心地としての地位を失わなかった。現在の六波羅蜜寺の本堂は、南北朝時代の貞治二年（一三六三）に再建されたものである。応仁・文明の大乱をくぐり抜けて今に残る貴重な建造物である。さらにこの地は、平家の六波羅第や鎌倉幕府の六波羅探題など、中世前期の激動の歴史の舞台となったことでも知られている。

このお寺に参詣したときには、本堂の南側に立っている鎌倉時代中期の立派な宝塔に目をとめてほしい。平家の猛将・悪七兵衛《あくひちびょうえ》平景清《かげきよ》の愛人であった遊女阿古屋《あこや》にちなんで、いつの頃からか「阿古屋塚」と呼ばれるようになった。ここで注目し

六波羅蜜寺の本堂

てほしいのは、この宝塔の台として使われている長方形の石材である。これは、古墳時代後期の組合式家形石棺の蓋石を転用したものなのである。阿古屋塚の家形石棺蓋石は、本来は二枚あったはずだが、今は一枚のみが残る。縄掛突起(天井部の縁に付けられた長方形の出っ張り)は形ばかりに退化しており、この遺品が古墳時代後期の中では新しい時期(七世紀)に降ることを教えてくれている。石材は兵庫県加古川市周辺で産出する「竜山石《たつやまいし》」である。

六波羅蜜寺の位置する東山丘陵裾部の緩斜面は、現在ではまったく京都の市街地にのみ込まれてしまっている。しかし、かつてはこの付近にもたくさんの古墳が点在していたのであろう。阿古屋塚に使われた家形石棺の石材は、今は失われてしまった京都盆地東部の古墳の様相を復元するための重要な資料となっているのである。

案内

六波羅蜜寺：京阪電車清水五条駅下車、東北へ約700m。市バス清水道下車、西へ約500m。境内参拝自由、宝物館の見学は拝観料が必要。地図5

66 木喰養阿上人の社会活動 ― 真如堂と安祥院

近世の日本には、米穀を遠ざけ、木の実や草の根だけで生きる「木喰行《もくじきぎょう》」という荒行をおこなっていた僧たちがいた。想像を絶する苦行に自らの身を投じることにより、彼らは超人的な意志の力を身につけていったのである。人びとは彼らのことを「木喰（木食）上人」と呼び、このうえない尊敬をはらっていた。ただ、誤解してはならないのは「木喰上人」とは、木喰行をおこなった僧侶を指す普通名詞であり、ひとりの僧のことではない。有名なところでは、豊臣秀吉の帰依を受けて高野山の復興にあたった木喰応其《おうご》上人

真如堂（真正極楽寺）の銅製阿弥陀如来座像の背面の銘文

（一五三六〜一六〇八）や、全国をめぐって自ら千体以上の「木喰仏」を彫した木喰明満《みょうまん》（行道《ぎょうどう》、五行《ごぎょう》菩薩）上人（一七一八〜一八一〇）（下巻・第160項参照）、生涯に二万体もの仏像を作らせた木喰但称（但唱）上人（一五七九？〜一六四一）（下巻・第99項参照）がいる。

　江戸時代中期の京都に、養阿《ようあ》（明厚房正禅《みょうこうぼうしょうぜん》）（一六八七〜一七六三）という名の木喰上人がいた。高野山で木喰行をおさめ、洛中に庵を営んで念仏聖としての活動をおこなった人物である。彼は人びとに念仏を勧めるだけではなく、庶民の便をはかるためのさまざまな土木事業を実施した。道路の整備、河川の改修、川への架橋、井戸の開削など、その活躍ぶりはまさに八面六臂《はちめんろっぴ》という形容がふさわしい。なかでも、東海道の難所として知られた日《ひ》ノ岡峠《おかとうげ》（山科区）の整備

安祥院に置かれている養阿ゆかりの石材

や、洛中から東山を越えて山科に向かう渋谷《しぶたに》街道（東山区）の改修は彼の畢生《ひっせい》の大事業であった。なにより大事なのは、彼がこれらの公共事業をほとんど独力の勧進によって成り立たせていたことである。近世の社会資本整備の重要な一部分が、こうした在野の聖によって担われていたことを我々は忘れてはならないのである。

今も京都市内の各所には養阿の活動の遺跡が残されている。真如堂（真正極楽寺）の本堂前にある巨大な銅製阿弥陀如来座像や、山科の粟田口《あわたぐち》の刑場に建てられた六字名号石碑、七条大橋西詰の松明殿《たいまつでん》稲荷神社の手水鉢などは見ものである。五条坂の東側にある安祥院《あんしょういん》は、養阿が開創して自ら住持となった寺である。その境内には、養阿の勧進活動によって造られた橋の石材が残されているし、また墓地には養阿が生前から定めておいた彼の墓がある。また、この寺には大きな笠をかぶって勧進をおこなう養阿の像が安置されている。

案内

安祥院：市バス「五条坂」下車、東北へ約400 m。京阪電車清水五条駅下車、東へ約1 km。境内参拝自由。地図5

真如堂（真正極楽寺）：市バス「真如堂前」下車、西北へ約500 m。境内参拝自由。地図1

粟田口刑場跡：地下鉄東西線御陵（みささぎ）駅下車、西北へ約500 m。地図5

松明殿稲荷神社：京阪電車七条駅下車、西へ約100 m。市バス「七条河原町」下車、東へ約300 m。境内参拝自由。地図6

67 備前から渡ってきた狛犬——鳥辺山の妙見堂

神社にお参りすると、参道の両側で狛犬《こまいぬ》が出迎えてくれる。よく見ると、その表情はさまざまだ。恐い顔、ユーモラスな顔、何かを語りかけているような顔……狛犬たちとの出会いは、史跡めぐりの楽しみのひとつである。

狛犬といえば、普通は石づくりだということに相場が決まっている。ところが、岡山

妙見堂の備前焼の狛犬

県では陶製の狛犬にしばしば出会う。岡山県備前市の付近は「備前焼（伊部焼《いんべ》）」と呼ばれる陶器の特産地なので、自然に狛犬も焼物で作られることになったのだろう。石の狛犬にくらべると、陶製の狛犬はつくりが繊細で、表情も自由闊達であるところがおもしろい。

備前焼の狛犬は、岡山県以外の地域でも見ることができる。東山の鳥辺山《とりべやま》墓地に通妙寺《つうみょうじ》という寺院があり、それに隣接して同寺の別所《べっしょ》の妙見堂《みょうけんどう》がある。その絵馬堂は清水寺本堂を思い起こさせるような舞台造りとなっており、そこからは京都市内を一望できる。江戸時代の錦絵にもここからの眺望を描いたものがあるから、当時から観光名所として有名だったわけである。

妙見堂

この妙見堂の本堂の前に鎮座する狛犬は、安政二年（一八五五）に作られた備前焼の製品である。銘文によると、岡山の兒嶋屋善介と竹屋伴蔵というふたりが寄進したもので、作者は伊部の陶工・木村森治清近であった。備前焼の狛犬は明治時代以降には大量生産されるようになり、残されている品も多い。その反面、江戸時代にさかのぼる例は決して多くはない。小寺慶昭（ねず・てつや）氏によると、京都市内に遺存する備前焼狛犬は八坂神社の南楼門前をはじめとして七対が確認できるが、そのうちの最古の品がこの妙見堂の狛犬なのだという。しかし単に狛犬を奉納することだけが目的であれば、なにもわざわざ備前から京都に運んでくるには及ばないはずである。寄進者にとって、尊崇する京都の寺社に奉納する狛犬は、ふるさとの最高の技術を駆使した逸品でなければならなかったのだろう。

案内

妙見堂：市バス「五条坂」下車、東へ約700 m。京阪電車清水五条駅下車、東へ約1.5 km。大谷本廟（西大谷）の巨大な墓地（鳥辺山）の北側に隣接する。境内参拝自由。さらに東へ進むと清水寺にいきあたる。地図5

❻❽ 北陸から奉納された信仰の産物 ― 西大谷の石灯籠

考古学の研究は、巨大な物資がはるばる遠方にまで運ばれることがあると教えてくれる。たとえば、近畿地方の前期古墳に使われた石棺のなかに、九州の阿蘇山で採れる阿蘇凝灰岩《ぎょうかいがん》の製品がある。近畿にも石棺に適した石材がないわけではないだろうに、古墳時代の人びとは場合によっては、はるばる九州から苦労して石を運ぶことを厭《いと》わなかったのである。

西大谷の入り口を飾る笏谷石の灯籠

浄土真宗本願寺派（本山は西本願寺）の聖地が西大谷（正式には大谷本廟《ほんびょう》）である。開祖である親鸞上人が葬られた地ということで、宗祖を慕う人びとの墓が集まり、いつしか京都最大の墓地となった。清水寺から延びてくる丘陵の全体を無数の墓碑が覆いつくしている景観は圧巻である。

　西大谷の北側入り口の側に、二基の巨大な石灯籠がそそり立っている。銘文から、宝暦十年（一七六〇）に越前国（福井県）の有志が地元の石工に製作させて寄進したものであ

西大谷の石灯籠の銘文
越前国福井からの奉納品であることを示す。

ることがわかる。ところで、この灯籠はやや青みを帯びたやわらかい石で、京都周辺ではあまり見たことのない石材である。

第17項「北陸から渡ってきた墓石」でも紹介したように、福井市の中心にそびえる足羽山《あすわやま》は、笏谷石《しゃくだにいし》と呼ばれる良質の石材の産地として知られてきた。これは火山灰が堆積してできた凝灰岩で、青みがかった色が特徴である。笏谷石の層の厚さは一〇〇メートルにも及び、福井市の地下にはかつての坑道が縦横に走っているという。福井の石造物は、お城の石垣から石仏や墓碑にいたるまで、ほとんどがこの笏谷石でつくられている。

京都の西大谷の大きな石灯籠も、笏谷石でできている。越前の笏谷石は北前船《きたまえぶね》に乗せられて西日本の各地に運ばれていった。越前の浄土真宗の信者たちは、宗祖親鸞上人を祀る西大谷に奉納するために、故郷が誇る最高の石材で灯籠を造らせ、わざわざ京都まで運ばせたのである。二基の灯籠は、近世における物資の移動の一端を如実に示してくれているのである。

案内
西大谷：市バス「五条坂」下車、すぐ。京阪電車清水五条駅下車、東へ約800m。境内参拝自由。地図5

69 美しき〝全円アーチ〟橋——西大谷の円通橋

わが家の近くに堀川が流れている。殺風景な枯川《かれがわ》として永く放置されていたが、最近、水流を復活させて親水公園として整備された。ウチの犬たちも、お気に入りの散歩道ができたのでうれしそうである。

この堀川に架かる橋の中で、中立売通《なかだちうりどおり》と下立売通《しもだちうり》の堀川第一橋・同第二橋は石造りの綺麗なアーチ橋である。アーチ橋とは、煉瓦や石を弧状に積み上げ、その力学的バランスによって支える橋をいう。この形式は古代オリエント文明で発明され、ローマ

西大谷の円通橋
これほど完璧な全円アーチ橋は世界でも稀であろう。

帝国に伝えられて隆盛を迎えた。日本でも、江戸時代中期に中国から琉球を通じてアーチ橋の技術が伝えられ、九州で盛んに造られるようになる。長崎市の眼鏡橋《めがねばし》の名は誰でも知っているだろう。

アーチ橋は円形部の形によって分類されるが、ほとんどは半円アーチ（百二十度～百八十度）と扁平アーチ（百二十度未満）であり、百八十度以上におよぶ全円アーチ（真円アーチ）は非常に稀である。ところが、堀川のふたつのアーチ橋を見ると、第二橋が半円アーチであるのに対して、明治六年（一八七三）に架けられた第一橋は全円アーチなのである。加藤繁生氏の研究

全円アーチの堀川第一橋

によると、京都市内に石造アーチ橋は九基（現存は七基）が確認され、そのうち四基が全円アーチだという。日本で現存する石の全円アーチ橋というと、京都の他では岡山県笠岡市菅原神社の眼鏡橋（明治二十年〈一八八七〉）くらいであろう。

京都の全円アーチ橋の白眉が、安政三年（一八五六）に架橋された西大谷（大谷本廟、東山区五条橋東六丁目）の円通橋《えんつうきょう》（めがね橋）である。これを造り上げた江戸時代末期の京都の石工は、九州で盛行していた半円アーチ橋に学び、独自の創案によってそれを全円アーチに組み替えたのであろう。その技法は明治維新後も受け継がれ、いくつもの全円アーチ橋を京都に生み出していった。彼らの創意は、京都を世界的にもめずらしい全円アーチ橋の密集地にしていったのである。

案内
西大谷：第68項参照。
堀川第一橋：市バス「堀川中立売」下車、すぐ。地下鉄烏丸線今出川駅下車、西南へ1.1 km。橋の南側付近には、日本初の路面電車であった京都電気鉄道株式会社（京電）北野線の路線の痕跡が残されている。地図2

70 宝篋印塔のルーツ――清水寺の梟塔

マニアックな史跡めぐりの醍醐味を味わうためには、お仕着せコースの見学で満足してはならない。たとえ他の観光客にいぶかしく思われようとも、好奇心旺盛にいろいろなところに目を向けてみたいものだ。

京都最大の観光名所のひとつが清水寺である。ハイライトの「清水の舞台」に向かう手前、受付の側に大きな手水鉢《ちょうずばち》が置いてある。いささか格好悪いことを承知で、腹這いにな

清水寺の梟塔
見にくいが、塔身の中央には仏像が、四隅には鳥形の迦楼羅天像が彫られている。

るようにしてその下を覗きこむと、仏像と鳥の彫刻を施した石が手水鉢を支えているのがわかるだろう。この台石は「梟塔《ふくろうとう》」と呼ばれ、鎌倉時代の宝篋印塔《ほうきょういんとう》の塔身を転用したものなのである。しかし、日本の数多くの宝篋印塔のなかでも、鳥の姿を彫り込んでいるというのはめずらしい。

舞台は中国に飛ぶ。十世紀の五代十国時代、今の浙江省に呉越《ごえつ》という国があった。小国ではあるが、世界最高級の焼物である越州窯青磁の生産で富み栄え、仏教信仰にあつい国王銭弘俶《せんこうしゅく》は経文を納めた小さな金属製の塔を

久我の誕生寺の宝篋印塔
北村美術館蔵の「鶴の塔」の模造であるが、彫刻の様子はこれでよくわかる。清水寺梟塔も同様の造形だったはずである。

八万四千基もつくって国内外に配布した。これは日本にも五百基が贈られたと伝えられ、五基が現存する。そしてこの塔には、鳥の姿をした迦楼羅天《かるらてん》（インドのガルーダ神に由来）の像を付けるものがある。

最近の研究では、銭弘俶塔を発展させた石造宝篋印塔が中国南部で創出されていたことが判明しつつあり、それらのなかには迦楼羅天像を刻むものがある。考古学者の山川均《ひとし》氏によると、日本の宝篋印塔は中国の石造宝篋印塔と銭弘俶塔の要素をミックスして産み出されたものであり、このアイデアを招来したのは鎌倉時代初期の天台宗の僧、慶政《けいせい》であったという。

迦楼羅天にならった鳥形像をもつ宝篋印塔は、清水寺の梟塔、京都の妙真寺にあった「鶴の塔」（北村美術館蔵）、滋賀県竜王町の鏡山塔など、わずかな例しかない。その後の日本では、装飾を廃したシンプルなデザインの宝篋印塔が大勢を占める。清水寺の梟塔は創出されたばかりの日本の初期宝篋印塔として、石造物史上の重要作品なのである。

案内

清水寺：市バス「清水道」下車、東へ約600m。市バス「五条坂」下車、東へ約700m。京阪電車清水五条駅下車、東へ1.5km。本堂（清水の舞台）には拝観料が必要だが、梟塔は見学自由。地図5

誕生寺：京都市伏見区久我本町2-10。地下鉄烏丸線と近鉄の竹田駅やJR長岡京駅より、市バスで「久我」下車、南へ約200m。境内参拝自由。地図全体図

71 平安京の巨大墓地——馬町十三重塔

平安京は人工的に造られた巨大都市である。都が造営されたことによって、この地の景観は根本から変わってしまった。そして、平安京の誕生は、それまではこの土地とまったく関係のなかった人びとの大量移住をも意味していたのである。ここで問題となるのは、そうした非在地系都市民の死後の葬られ方である。「根無し草」とでもいうべき非在地系都市民は在地共同体の慣習によって埋葬されることはなく、まったく新しい都市的な葬法を模索していかねばならないことになるからである。こうして生み出されたのが、平安京の東郊、東山の麓にいとなま

「馬町十三重塔」の旧景（昭和5年〈1930〉）
昭和15年（1940）に解体修理がおこなわれて、塔の内部から小仏像などの納入品が発見された。現在、塔は京都国立博物館の構内に移築されている。

れた「鳥部野《とりべの》（鳥辺野、鳥戸野とも書く）」である。これは、誰でもがどのようにしても遺体を葬ることができる、大規模でかつ複合的な葬地であった。国宝『餓鬼草紙《がきぞうし》』には、林立する卒塔婆の間に死体が散乱する、凄惨な鳥部野葬地の景観が見事に描写されている。

　京都国立博物館の構内には、「馬町《うままち》十三重塔」と呼ばれる二基の見事な石塔が移築されている。もとは京都から山科に抜ける渋谷《しぶたに》街道（滑石越《すべりいしごえ》）沿いに建てられていたもので、ひとつには「永仁三年（一二九五）」の銘があり、法西《ほうせい》という僧が願主となって建立したことがわかる。「馬町十三重塔」

馬町十三重塔の旧所在地（奥に見える石碑のある塚）
今は、この手前には家が建っている。

の旧所在地は、今は民家の間のわずかな空地に小さな塚を残すだけになっている。江戸時代、この塔はどうしたわけか、源義経の忠臣であった佐藤継信・忠信兄弟の墓だと信じられるようになった。

また、これは東国への道中の安全を願うための記念物だという考えもあるが、鎌倉時代のこの地の土地柄を考えるならば、鳥部野葬地の総供養塔（総祭祀施設）として建立されたという説をとりたい。「馬町十三重塔」の石塔内部には、阿弥陀如来像、金銅五輪塔、水晶五輪塔などのさまざまな供養物が納入されていた。鳥部野葬地に縁者を葬った人びとが、思い思いの供養物を捧げて後世《ごせ》を弔ったものであろう。鳥部野にはさまざまな人びとの霊魂が漂っていたのであり、それを供養することなしには平安京の安泰はなかったのである。

案内

京都国立博物館：市バス「博物館・三十三間堂前」下車、すぐ。京阪電車七条駅下車、東へ約400 m。見学には入館料が必要。地図5

馬町十三重塔旧所在地：市バス「馬町」下車、東へ約100 m。京阪電車清水五条駅下車、東南へ約800 m。地図5

72 慶長の大地震——東山大仏

平成二十三年（二〇一一）三月十一日にわが国を襲った東日本大震災は恐るべき悲劇であった。報じられてくる被災地の惨状には、胸が潰れるような思いである。亡くなられた人びとの御冥福を祈るとともに、被災者の生活再建には今後とも最大限の援助が与えられることを心から願いたい。

当然のことであるが、日本列島に住んでいる以上、地震というのは誰にとっても人ごとではない。京都にしても、なんとなく地震が少ない地域のように思われている節があるが、それは明らかに誤りである。歴史上、京都に大きな被害を与えた大地震は何度となく起

東山大仏殿の跡
地震で大仏が崩壊した後、秀吉の息子の豊臣秀頼によって再建された。

こってきた。なかでも有名なのは、豊臣秀吉の第一期伏見城（指月城《しげつじょう》）を壊滅させ、秀吉自身の生命まで奪いかけた慶長の大地震（慶長元年〈一五九六〉）であろう（下巻・第139項参照）。これは伏見の直下を震源地としたM（マグニチュード）七・五の大地震だったから、いかに伏見城が頑丈で豪壮であったとしても、たまったものではなかった。伏見に近い木津川河床《きづがわかしょう》遺跡（伏見区淀際目町・八幡市八幡源野ほか、下巻・第152項参照）の発掘調査では、しばしば慶長大地震にともなう噴砂の跡が検出される。地震のエネルギーが大地を引き裂き、猛烈な勢いで下層の砂を噴き出させたのである。

慶長大地震は京都中心部にも大きな被害を与

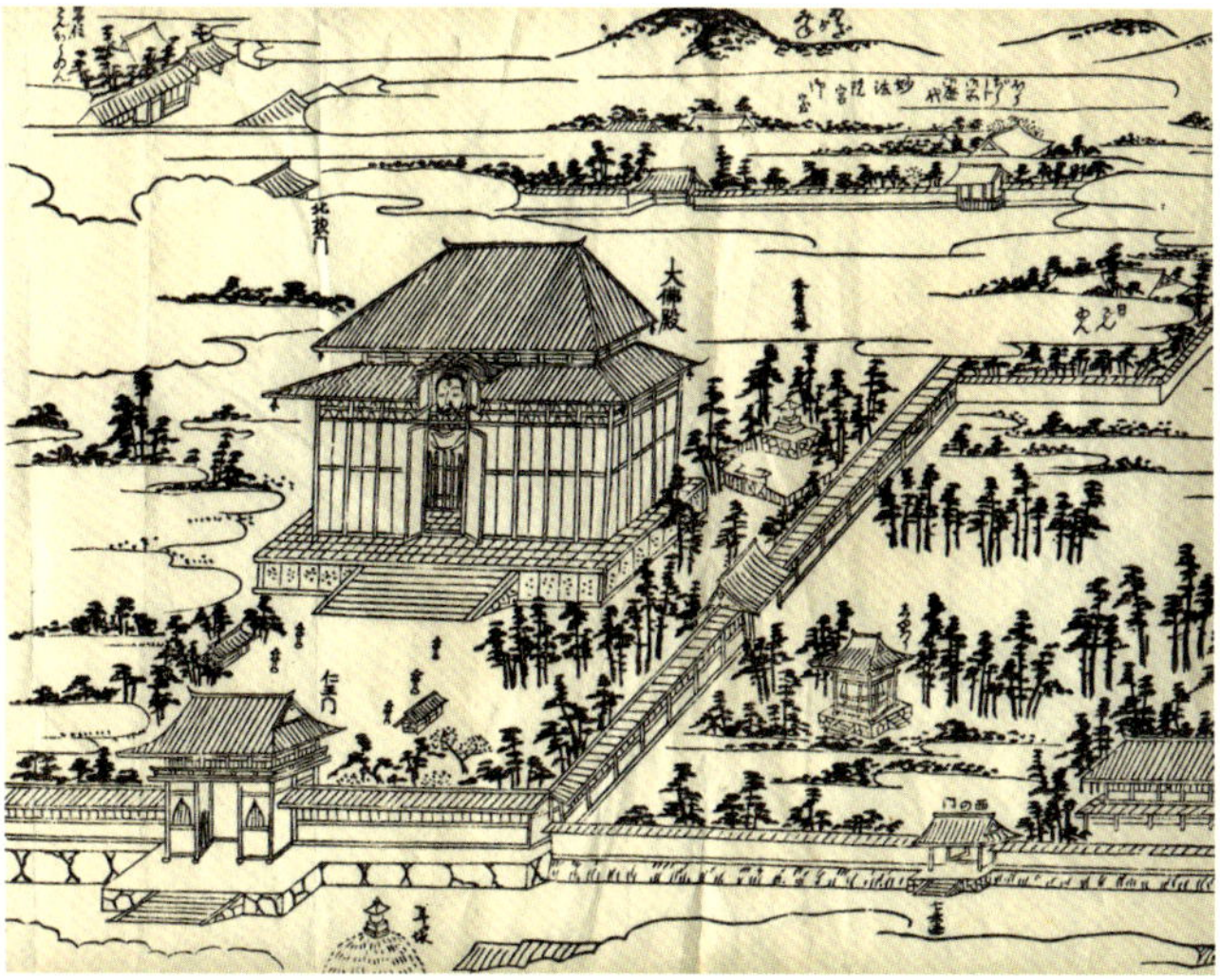

江戸時代の東山大仏殿の絵図（山田蔵）

えた。特に、秀吉が自らの権力の象徴として完成を急がせていた東山大仏（のちに方広寺《ほうこうじ》と呼ばれる＝東山区茶屋町）は無惨にも崩れ落ちてしまう。秀吉は哀れな姿をさらす無力な大仏を罵《ののし》り、信州の善光寺の本尊を無理矢理に京都に遷座させ大仏のかわりにした。

江戸時代にも京都は、寛文二年（一六六二）、宝永四年（一七〇七）、文政二年（一八一九）と、たびたびの震災に見舞われたが、なかでも被害が大きかったのは天保元年（文政十三年〈一八三〇〉）から翌々年にかけての文政大地震（M六・五）である。それから現在まで一八〇年たつが、この静寂は実は不気味な沈黙で、明日にも大地が凶悪な牙をむかないという保証はないのである。

さらに、この慶長元年閏七月十二日の慶長の大地震の恐るべきところは、単なる自然現象にとどまらず、目を覆う

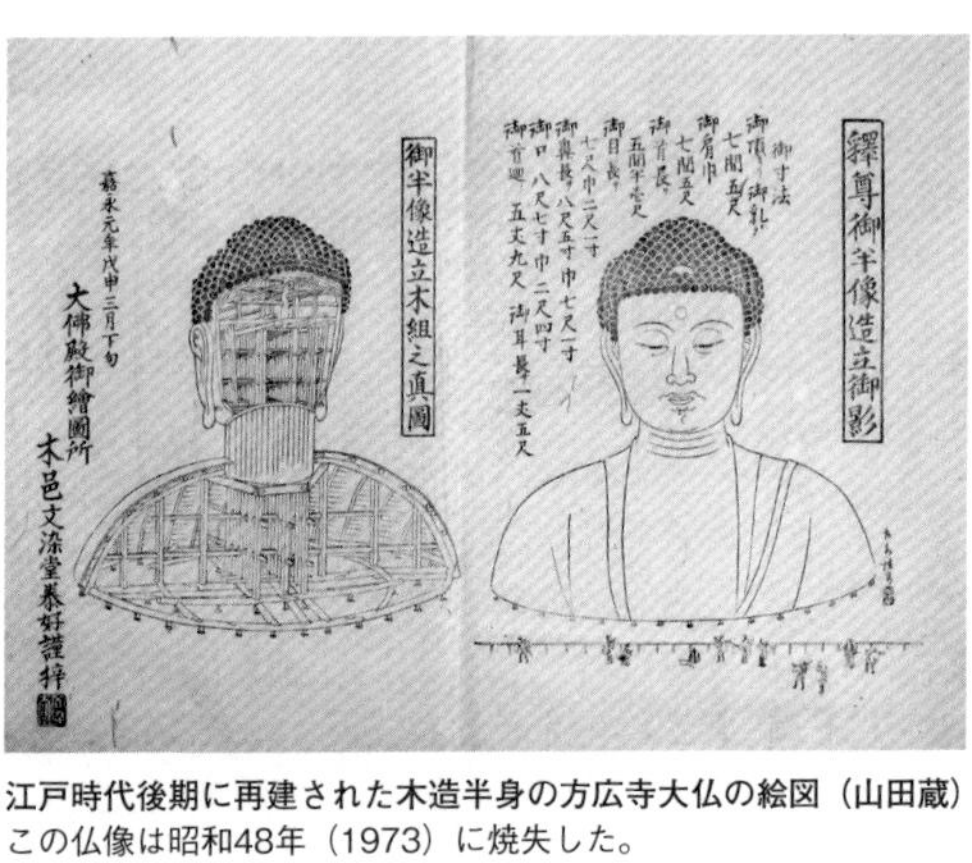

江戸時代後期に再建された木造半身の方広寺大仏の絵図（山田蔵）
この仏像は昭和48年（1973）に焼失した。

ような人災の引き金をひいてしまったところにある。山室恭子氏の研究にもとづき、その経緯を追ってみよう。

慶長の大地震のときの秀吉は、第一次朝鮮出兵（文禄の役）のまっただなかにいた。この戦争の原因は、秀吉の自信過剰と誇大妄想に求めるのが一般的である。しかし、山室氏は秀吉政権の根底に潜む本質を鋭く指摘し、戦争の真の理由はそこに見いだすべきだとしている。それは、この政権の原動力が、圧倒的な軍事力、惜しみなくばらまかれる黄金、伝統的権威の巧みな操作、華麗に演出された数々の祝祭、神話の域にまで高められた政権賛歌の宣布などによって作り出される、奔流のような世論の流れにあったということだ。私は、秀吉政権こそは、日本史上初の「宣伝政権《プロパガンダ》」だったと考えている。こうした政権は天下統一の後も立ち止まることは許されない。これが、秀吉が無謀な海外侵略戦争に突入した真の理由なのである。

東山大仏殿の石垣

ところが、朝鮮での戦線は膠着状態に陥り、明《ミン》の援軍までもが姿を現す。ここに至って秀吉は、己れの面子《めんつ》を損なわずにいかに戦争を終結させるかを模索せざるをえなかった。絢爛たる伏見城と巨大な大仏という舞台装置のなかに明の講和使節を迎え入れ、高らかに鳴り響くファンファーレのなかでドラマを大団円に導くというのが、秀吉の筋書きだったと考えられる。

ところが、天は秀吉に味方しなかった。地震によって城も大仏も崩れ落ち、民衆が納得するような形での結末はとうてい望めなくなる。「宣伝政権」にとって、これはまさに失速と崩壊の予兆にほかならない。退路を断たれた秀吉は、実現寸前まできていた講和を破棄し、もう一度、展望なき泥沼の戦争へと突き進むしかなかった。こうして引き起こされた第二次朝鮮出兵(慶長の役)は、日本と朝鮮の多数の人びとを地獄の苦しみへと追いやる結果となったのである。

案内

方広寺：市バス「博物館・三十三間堂前」下車、北へ約400m。京阪電車七条駅下車、北東へ約600m。豊国（とよくに）神社の北側が現在の方広寺。方広寺本堂には本来の大仏のミニチュアが祀られている。境内参拝自由、堂内の参拝は拝観料が必要。なお、隣接する豊国神社の宝物館（見学には拝観料が必要）では、ありし日の東山大仏殿の姿が描かれた『豊国臨時祭礼図屏風』などの文化財を見ることができる。地図5

大仏殿跡緑地：東山大仏の大仏殿の跡。豊国神社本殿の東側。地図5

73 美貌の女院――法住寺殿跡

世界史上の三大美女、という話題がある。エジプト女王クレオパトラ七世と唐の楊貴妃《ようきひ》が指定席で、残るひとりはギリシア神話のトロイア戦争のヒロインのヘレネとも、日本の平安時代の歌人、小野小町とも言われているが、別に定番があるわけではない。

もし私の独断と偏見に選択を任せていただけるのならば、後白河上皇（法皇）の女御、建春門院《けんしゅんもんいん》平滋子《しげこ》をエントリーさせたい。平滋子は若い頃から美貌を謳《うた》われ、後白河上皇の後宮に入ってからは上皇の愛を一身に集め

新熊野神社（東山区今熊野椥ノ森町）
後白河法皇と建春門院の御所が法住寺殿である。そこには、熊野の神が勧請されていた。

るようになり、間に儲けた皇子・憲仁《のりひと》親王が即位して高倉天皇となるに及んで皇太后に昇り、さらには女院《にょういん》に列せられて建春門院と呼ばれることとなった。それは、天台座主・慈円が「日本国女人入眼《じゅがん》もかくのみ有ければ誠なるべし（日本の女性として登り詰めるとはこういうことである）」と賛嘆したごとく、当時の女性として望みうる最高の地位だった。しかし、その栄誉を誉めそやす人びとに対して建春門院は「すべては前世からの宿命です」と語り、おごることも舞い上がることもなく、自然体のままの謙虚な態度を崩すことはなかったのであった。

藤原定家の姉で歌人の健御前《けんごぜん》（健寿《けんじゅ》御前、建春門院中納言）は、少女時代に初めて建春門院に接した時など、そのあまりの美貌と気品に圧倒され、すっかり魂を奪われてしまった。高倉天皇も光り輝くような貴公子だった

現在の法住寺
江戸時代までは大興徳院と呼ばれ、後白河天皇陵を守護していた。

のだが、それはまったくの母親譲りだったようである。

　建春門院は単に美しいだけの女性ではなかった。彼女の異母姉の平時子が平清盛の正室であったことから、建春門院は平清盛と後白河法皇との間の調整役を果たしていた。栗山圭子氏が明らかにしたように、建春門院は時には後白河法皇の代行として国政の決裁までもおこなっていた。彼女が在世していたとき、法皇と清盛は一致団結して安定した政権運営にあたることができた。建春門院はまさに、事実上の日本の女王であり、この時代の守護女神であった。『平家物語』が語る平家の栄華の時代とは、実は「建春門院の時代」だったのである。

　建春門院と後白河法皇の院御所は、東山の山麓の法住寺殿《ほうじゅうじどの》である。そこには、広大な池を取り囲んで蓮華王院（三十三間堂）、新熊野社《いまくまのしゃ》、新日吉社《いまひえしゃ》といった宗教

後白河天皇の陵
建春門院陵はこの北側に、相並んで建てられていたのであろう。

施設や華麗な殿舎が立ち並んでいた。建春門院もまた、法住寺殿の中に自らの御願による最勝光院《さいしょうこういん》を建立したのであった。

　しかし、幸福な時代は永くは続かなかった。安元二年（一一七六）、建春門院は重病に陥る。後白河法皇は最愛の女性のために全力を振り絞って祈禱にあたった。絶叫に近い彼の声は、広大な法住寺殿の隅々にまで届かんばかりに響き渡ったのである。しかしその甲斐もなく建春門院は三十五歳の若さで世を去る。悲嘆にくれた法皇は、自らの陵として準備していた法住寺殿の法華堂を明け渡して、女院の陵としたのであった。

　後白河法皇の陵は、法住寺（東山区三十三間堂廻り）の東側に現存する法華堂である。建春門院陵の法華堂はすでに消滅してしまったが、後白河法皇陵と建春門院陵

現在の養源院
建春門院陵の跡はこの写真の中央奥の付近であると推定している。

は相並んでいたはずである。私は、建春門院陵の跡地は現在の養源院《ようげんいん》の玄関の東側あたりだと推定している。そこは後白河法皇陵の北に並び、法住寺殿の中心御堂である三十三間堂の真正面にあたる場所だからである。後白河法皇の陵として計画され、ついで建春門院の陵に変更された法華堂の選地としては、これ以上ふさわしい場所はないであろう。

これまでにも平家の時代を扱った映画や歴史ドラマは多いけれども、そこでは建春門院は地味で目立たない端役としてしか扱われてこなかった。平成二十四年（二〇一二）のＮＨＫの大河ドラマ「平清盛」では建春門院が登場した。前評判は高かったのだが、私のイメージする彼女とはかなり異なった描かれ方であり、ちょっとガッカリした。建春門院ならば主役をも霞ませるような圧倒的な存在感が発揮されなければウソだと思う。いっそ、建春門院を主人公とする映画やテレビドラマを制作すればよいと思うのだが、どうであろうか。

案内

新熊野神社：市バス「今熊野」下車、南へ100m。JR奈良線・京阪電車東福寺駅下車、北東へ約600m。境内参拝自由。地図5

後白河天皇陵・法住寺：市バス「博物館・三十三間堂前」下車、南へ約200m。または京阪電車七条駅下車、東南へ約600m。法住寺は境内参拝自由、堂内は拝観料が必要。後白河天皇陵は平日のみ参拝可。法住寺の門前や三十三間堂の境内に「法住寺殿跡」の石碑がある。地図5

74 幻の京都大仏——東福寺

「大仏さま」というと、奈良・東大寺と鎌倉・高徳院《こうとくいん》の大仏を誰しもが思い出すだろう。京都でも、今は消失してしまったが、豊臣秀吉が造営した東山大仏（方広寺大仏、第72項参照）が著名であり、「京都の大仏」というと普通はこれを指している。

しかし、秀吉を遡ること二五〇年、中世前期の京都にも大仏があったことはあまり知られていないのではなかろうか。

東山の山麓にある東福寺は、京都でも有数の大寺のひとつである。鎌倉時代に関白

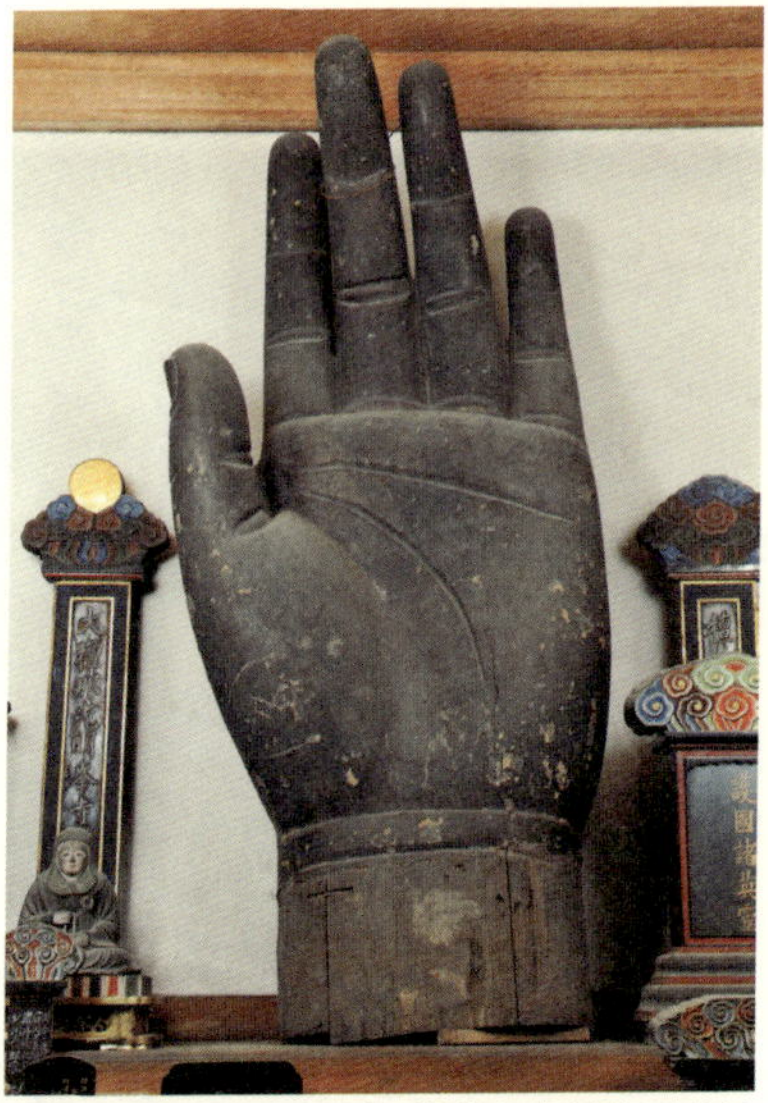

東福寺仏殿に残された大仏（釈迦如来座像）の左手
（東福寺提供）

藤原（九条）道家が円爾弁円《えんにべんねん》（聖一《しょういち》国師）を開山として建立した。ただ、道家は嘉禎二年（一二三六）にこの寺の建立を発願したが、造営途中の建長四年（一二五二）に薨じてしまった。東福寺仏殿が落成したのは、同七年（一二五五）のことである。

　現在の東福寺の本堂（仏殿）の奥には、高さ二メートルにもおよぶ大きな木造の左手が安置されている。東福寺のもともとの本尊であった釈迦如来像の一部がこれである。東福寺の仏殿は明治十四年（一八八一）の失火で全焼、大仏もまた左手を残して焼失して

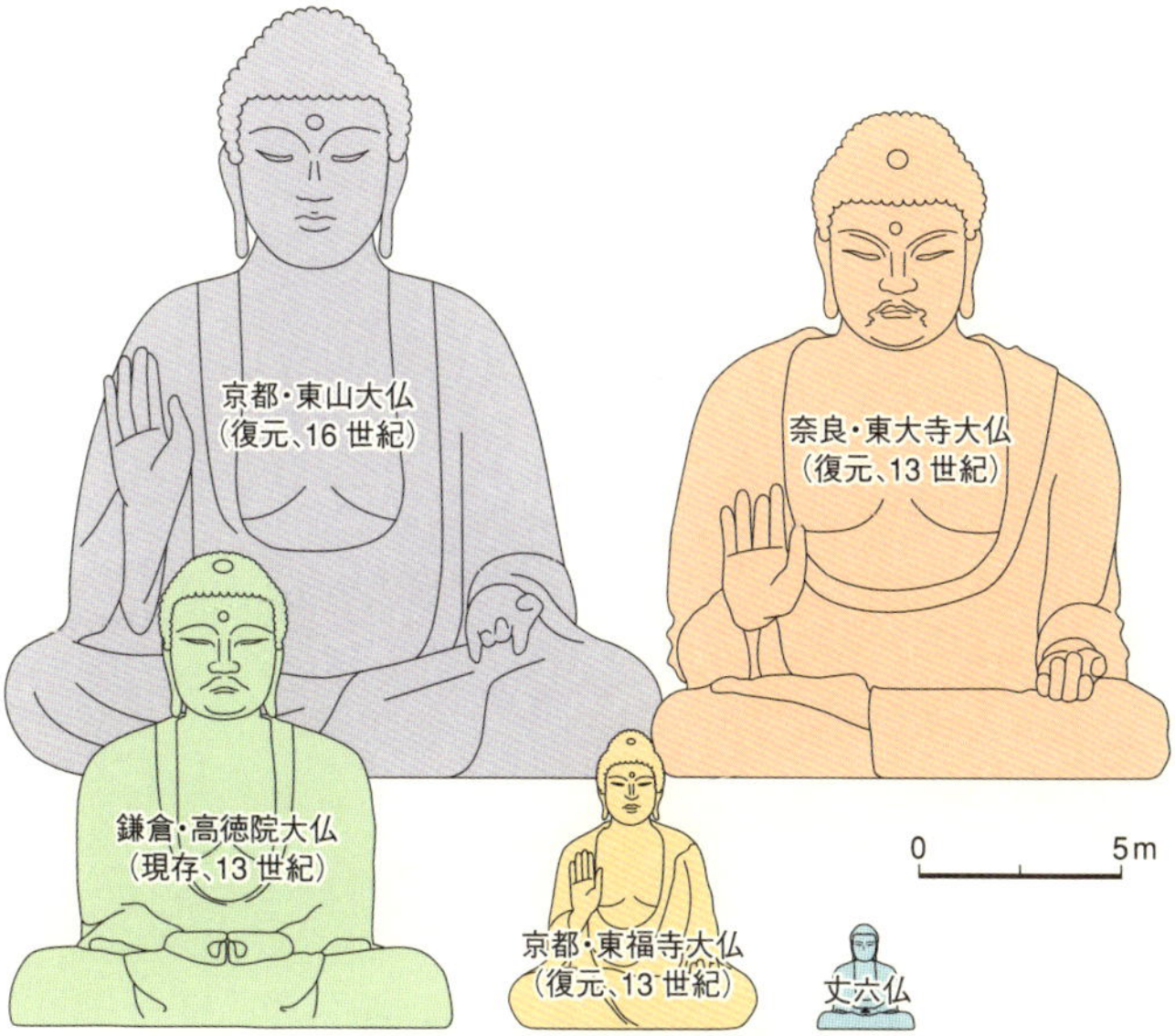

京都・鎌倉・奈良の大仏（山田原案、松澤利絵作図）
立ったときの身長が１丈６尺（約4.8m）になる仏像を「丈六（じょうろく）仏」といい、それより大きい仏像が「大仏」と通称される。

しまったのである。現本堂は昭和九年（一九三四）の再建である。もともとの釈迦如来像は五丈仏（立った場合に五丈〈一五メートル〉になる仏像）であったというから、座高にして七メートルをはかる巨大なものであった。当時の人びとは奈良・東大寺の大仏になぞらえて、この東福寺の釈迦如来像を「新大仏」と呼んだのである。

奈良の大仏は、治承四年（一一八〇）の平重衡《しげひら》の南都焼き討ちによって焼失してしまったけれども、俊乗坊重源《しゅんじょうぼうちょうげん》の勧進活動によって文治元年（一一八五）に見事に再建された。鎌倉の大仏は、暦仁元年（一二三八）から五年の歳月をかけて木造のものが作られ、ついで建長四年（一二五二）からの約十年をかけて現在見られる金銅造のものが完成されている。京都の東福寺の創設者である藤原道家は、四条天皇の外祖父、鎌倉幕府第四代将軍頼経の父として権力の絶頂にあり、そのシンボルとして京都にも大仏を造り上げたのである。十二世紀末から十三世紀前半とは、京都・鎌倉・奈良という三大都市が競い合うように大仏を建立し、独自の文化を花咲かせた、そんな時代だったのである。

案内
東福寺：JR奈良線・京阪電車東福寺駅下車、南へ約700m。市バス「東福寺」下車、南へ約700m。境内参拝自由。一部の建物の内部の参拝には拝観料が必要。ただし、大仏の左手は3月14〜16日の涅槃会の時のみ公開。地図5

75 江戸時代の三角五輪塔——今熊野観音寺墓地

五輪塔は石塔のなかで最も普遍的な形式であるが、そのなかに「三角《さんかく》五輪塔」と呼ばれる特異な品が含まれる。通常の五輪塔は、屋根にあたる火輪を上から見ると正方形なのに対して、三角五輪塔の火輪は三角形を呈するのである。この品を好んだのは、鎌倉時代に東大寺大仏の再建を果たした名僧・俊乗坊《しゅんじょうぼう》重源《ちょうげん》である。重源が各地の寺社に奉納した仏舎利《ぶっしゃり》容器は三角五輪塔であるし、奈良に残る彼の墓（奈良市川上町）もこの形式をとっている。したがって、三角五輪塔は重源とその流派のシンボルと見なされることが多い。

ごくわずかな事例しかないが、江戸時代の三角五輪

左から、二尊院墓地の無銘塔、智積院墓地の弘基僧正墓、今熊野観音寺墓地の明舒大和尚墓
いずれも火輪を上から見ると三角形になっている。

塔に出会って驚くことがある。京都では、今熊野観音寺《いまくまのかんのんじ》墓地（東山区泉涌寺山内町）にある明舒《めいじょ》実然《じつねん》大和尚（泉涌寺第百三十三代住持、天保九年〈一八三八〉遷化）墓、智積院《ちしゃくいん》墓地（同区今熊野東瓦町の地蔵山墓地）の弘基《こうき》僧正（同院第三十世住持、文政五年〈一八二二〉遷化）墓、二尊院墓地（右京区嵯峨二尊院門前長神町）の無縁墓群の中にある無銘の塔などがその事例である。

ただ、三角五輪塔が鎌倉時代の重源の専売特許だとすると、それが江戸時代になって急に復活するというのは奇妙である。最近の研究で、三角五輪塔は重源よりも一世紀も前から醍醐寺で使われており、知られる限りでの初現は上醍醐《かみだいご》の醍醐寺円光院（伏見区醍醐醍醐山）に葬られた白河天皇

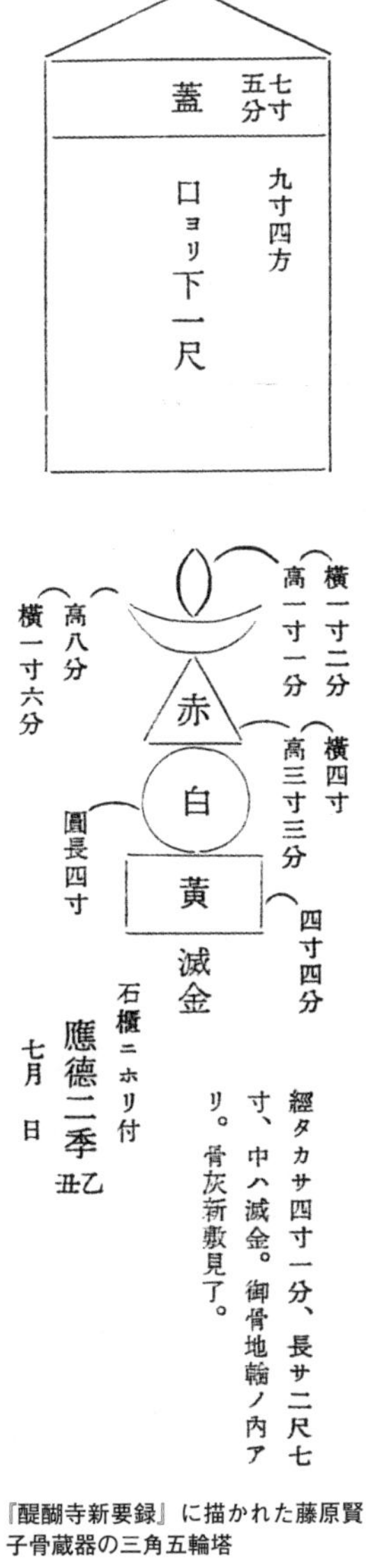

『醍醐寺新要録』に描かれた藤原賢子骨蔵器の三角五輪塔

中宮藤原賢子《かたこ》の骨蔵器であることがわかってきた。賢子の三角五輪塔は慶長十一年（一六〇六）の円光院の工事の際に発掘されて当時としては大きな話題を呼び、早速にその品のレプリカが作られている（醍醐寺塔頭金剛王院〈一言寺《いちごんじ》〉蔵）。そうすると、この形式を模倣した墓塔を造ろうとする人が現れても不思議ではない。たまに見つけることができる江戸時代の三角五輪塔は、鎌倉時代の重源の影響が永く伝えられたというよりも、藤原賢子の骨蔵器の発見によって復活した後の姿だったと考えたい。

案内

今熊野観音寺：市バス「泉涌寺道」下車、東南へ約900m。境内参拝自由。今熊野観音寺墓地は狭い道路を挟んで南北に分かれており、三角五輪塔があるのは泉涌寺霊園と接している北側区画であるので注意。参拝自由。明舒大和尚墓の西側には、戦国大名島津義久の供養塔がある。同墓地の東端には関白藤原忠通、天台座主慈円、御子左家（みこひだりけ）の祖の藤原長家の供養塔と伝える石造宝塔が並ぶ。地図5

智積院墓地（地蔵山墓地）：市バス「東山七条」下車、東へ約600m。参拝自由。地図5

二尊院：京福電鉄嵐山本線嵐山駅下車、西北へ約1.3km。JR嵯峨野線嵯峨嵐山駅下車、西北へ約1.5km。市バス・京都バス「嵯峨釈迦堂前」下車、西へ約800m。参拝には拝観料が必要。下巻地図9

まずは、ここに掲載した絵図をご覧いただきたい。描かれているのは、ちょっと異様な姿をした「古墳」である。いくつもの鳥居が立ち、何重にもめぐる柵で厳重に守られ、さらに正面には拝所まで設けられているから、天皇陵であることはすぐにわかるだろう。墳丘は三段に築かれており、それぞれの段には石垣が積まれて威厳を高めている。墳丘の平面形は円形であるが、頂上の平坦面だけは八角形に柵がめぐり、さらにその中央には巨岩が置かれている。ともあれ、通常の古墳とは

「文久山陵図」写本（同志社女子大学蔵）に描かれた孝明天皇陵

さまざまな点で相違しており、考古学に詳しい人であればあるほど頭を悩ませるかもしれない。

タネ明かしをすると、これは古墳時代の古墳ではなく、京都の泉涌寺《せんにゅうじ》の裏山に築かれた孝明天皇の後月輪東山陵《のちのつきのわのひがしのみささぎ》なのである。孝明天皇というと明治天皇の父帝であるから、築かれてからまだ一五〇年しかたっていないということになる。

江戸時代初期以降、歴代の天皇は東山の泉涌寺に設けられた月輪陵《つきのわのみささぎ》・後月輪陵《のちのつきのわのみささぎ》に葬られることが慣例となった。当初は火葬であったが、承応三年（一六五四）に崩じた後光明天皇からは

孝明天皇陵

土葬されるようになる。いずれも、埋葬した上に石塔を建てて標識とすることは共通している。ところが、孝明天皇の時代の文久二年（一八六二）から慶応元年（一八六五）にかけて、下野国の宇都宮藩（戸田家）が主導して歴代天皇陵の大規模な修理事業（文久の修陵）を実施し、過去の栄光の時代の巨大な古墳に関心が集まることになったのである。

孝明天皇の崩御は、文久の修陵が完遂した直後の慶応二年（一八六六）のことであった。孝明天皇の山陵の造営は、文久の修陵の総指揮者で宇都宮藩の前家老であった戸田忠至《ただゆき》（修陵の功により下野国高徳《こうとく》藩主に昇格）に委ねられた。忠至は、文久の修陵でつちかった経験をもとに、天皇陵を古代の理想的な姿に戻すことを決意し、孝明天皇陵は古墳の形式で築造されたのであった。一見すると異様にも見える古墳の「復活」は、幕末の複雑な政治情勢のなかで生まれ出たものだったのである。

案内
孝明天皇陵：市バス「泉涌寺道」下車、東南へ約800ｍ。地図5

77 日本最古のレール――九条山の車石

わが国の最重要の街道であった東海道は、大津から山科盆地の北端を通り、狭い山あいをくぐり抜けながら京都に入る。今、この道をたどると、街道沿いのあちこちに「車石《くるまいし》」という、上面に溝のある奇妙な石に出くわす。この石は、牛車《ぎゅうしゃ》の通行の便をはかるために、道路に並べて敷かれたものだった。いわば、荷車のためのレールだったといえよう。

こうした車石は日本中のどこでも見られたのではなく、大津から京都までの東海道（京津《けいしん》街道）と、京都から伏見までの竹田街道（下巻・第129項参照）、京都から淀への鳥羽街道といった、京都の周辺の街

九条山道路側壁の車石

道だけに限られていた。京津街道だけをとっても、すでに江戸時代初期には年間五〇万俵の米が移動し、また十八世紀後半にここを通過する牛車は年間一万五〇〇〇台にのぼったという。これだけの交通量があるのだから道路の傷みも相当なもので、これらの街道はいったん雨が降ると泥海となり、牛車の通行ははなはだしく阻害された。車石を設置したことによって、こうした障害は著しく改善されたのであった。ただ、車石で舗装されたのは一車線に限られたため、午前と午後とで方向を逆転させる一方通行の規制があったこともおもしろい。車石の敷設の時期は明確ではないが、江戸時代前期のある段階にはすでに存在したことが知られている。

車石については、その存在自体は早くから注目さ

山科区厨子奥花鳥町の小公園の車石

れてきたものの、学術的な研究が遅れ、文化財としての保存についても施策がおこなわれてはこなかった。しかし、平成十七年（二〇〇五）にはこの問題に関心をもつ市民によって「車石・車道研究会」が結成され、残存している車石の現状調査が積極的に進められることになった。そうした成果は、平成二十四年（二〇一二）に大津市歴史博物館で開催された企画展「車石―江戸時代の街道整備―」によって公表され、車石研究が大きな飛躍を遂げることになったのはよろこばしい。

近代以前の日本は、どうしたわけかほとんど舗装道路が発達しなかった国である。そのわが国においても、鉄道が導入されるよりもはるか以前にすでに「車のためのレール」が造られていたことは驚くべき事実ではないだろうか。

案内

東海道の車石：旧街道沿いのあちこちに点在する。なかでも、九条山の道路側壁に組み込まれたもの、その南側で小公園として整備されたところ（山科区厨子奥花鳥町）、日ノ岡の石碑の台座に使われたもの、などは見学しやすい。いずれも、地下鉄東西線御陵（みささぎ）駅下車、西北へ300～800m。地図5

78 藤原氏の揺籃の地――山階寺跡

古代や中世の史料を見ていると、「山階寺《やましなでら》」という寺院に出くわすことがある。その寺の大衆《だいしゅ》（いわゆる僧兵）は、しばしば朝廷に対して強訴をかけたし、彼らが吹きかけてくる難題は逆説的に「山階道理」と呼ばれ、無理が通れば道理が引っ込むことの代名詞として使われていた。この一点だけからも、古代・中世に

「山階寺跡」顕彰碑

おける山階寺の勢力の大きさをうかがうことができる。

この寺院の名となっている「山階」とは京都市山科区のことである。ただ、現在の山科には、古代・中世の政界を震撼させ続けたような大寺院は見あたらない。いったい、山階寺とはどんな寺だったのだろうか。

ネタばらしをするならば、山階寺とは奈良の興福寺の別名であった。興福寺はいうまでもなく藤原氏の氏寺であり、中世には大和国の支配者として巨大な武力と経済力を有して繁栄を極めた。ただ、興福寺はもとから奈良にあったのではない。藤原氏の始祖である鎌足は、山科の地に陶原家《すえはらのいえ》という別業《べつごう》（別荘）を持っていた。

山階寺跡の北側を通る旧東海道

山階寺とは、鎌足の死にあたって、陶原家を改造して寺院としたものだったのである。藤原氏の家譜である『藤氏家伝《とうしかでん》』によると、鎌足の墓もこの寺の中に設けられたという。

その後、山階寺は飛鳥に移建されて厩坂寺《うまやさかでら》となり、さらに和銅三年（七一〇）の平城京遷都とともに奈良の地に移されて興福寺と名付けられた。こうした由緒により、興福寺は後世にいたるまで、もともとの山階寺という名を別名として使い続けたのである。

山階寺、つまり鎌足の陶原家の跡地は永く不明のままであったが、最近、吉川真司氏が緻密な文献研究によってその所在を確定した。それは、JR山科駅の南西方で京都薬科大学北校舎の東側のあたり（山科区御陵大津畑町ほか）であった。山科は、藤原氏の揺籃の地のひとつだったのである。

案内

山階寺跡：京都薬科大学の東側の道路脇には、地元の人びとによって「山階寺跡」の顕彰碑が建てられている。地下鉄東西線山科駅下車、西へ約700m。JR東海道本線山科駅・京阪電車京阪山科駅下車、西へ約800m。地図4

79 天に昇った天皇
――天智天皇陵

天智天皇といえば、日本史の授業で必ず出てくる「大化の改新」の立役者だ。中大兄皇子（または葛城《かつらぎ》皇子）といった青年時代に蘇我氏本宗家《ほんそうけ》を滅ぼし、その後は常に政権の中枢にあって日本を中国風の法治国家に改造するために奮闘した。飛鳥の都を捨てて近江大津宮に遷都し、日本最初の戸籍である庚午年籍《こうごねんじゃく》を制定するなど、その活躍はまさに八面六臂《はちめんろっぴ》というのがふさわしい。

天皇は天智十年（六七一）、近江大津宮において崩御した。天皇の陵は山科盆地の北縁にあり、御廟野《ごびょうの》古墳と呼ばれている。一辺七〇メートルの

天智天皇陵（御廟野古墳）
歴代の天皇陵のなかには疑わしいものも多いが、この御陵だけはほとんど疑問の余地がなく、終末期古墳の研究のうえでも貴重である。

方形の基壇の上に載った、対辺間距離四二メートルをはかる堂々たる規模の八角墳である。天智天皇の崩御後、その妃であった歌人・額田王《ぬかたのおおきみ》が天皇を悼む弔歌を詠んだ。「やすみしし　我ご大君の　畏《かしこ》きや　御陵《みはか》仕ふる　山科の　鏡の山に　夜はも　夜のことごと　昼はも　日のことごと　哭《ね》のみを　泣きつつありてや　ももしきの　大宮人は　行き別れなむ」（『万葉集』巻二―一五五）。

ただ、この天皇の死について、平安時代後期に編纂された歴史書

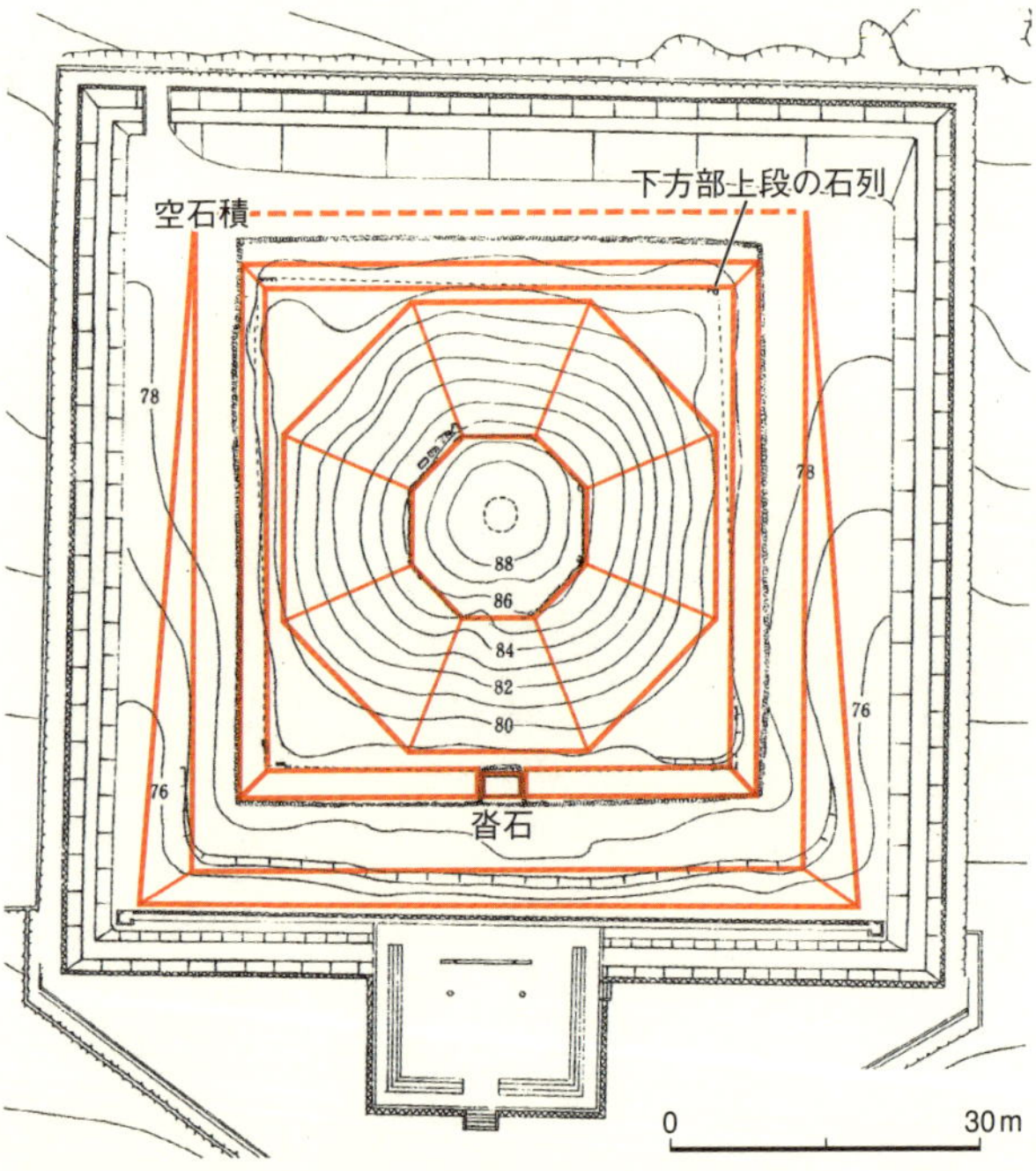

御廟野古墳平面図（山田作図）

である『扶桑略記《ふそうりゃっき》』は奇妙な異説を伝えている。天皇が馬に乗って山階郷《やましなごう》（京都市山科区）に行き、そのまま行方不明となった。ただ山林の中に天皇の沓《くつ》が落ちていただけだったので、その場所に山陵を築いた、というのである。この伝承は、正史である『日本書紀』を信じたくない人びとに人気がある。なかには、天智天皇の弟の大海人皇子（のちの天武天皇）が放った刺客が天皇を殺害して遺骸を持ち去ったと、想像をふくらませている人もいる。

しかし実は、この伝説から「天智天皇暗殺事件」を立件することは不可能なのである。ある人物が忽然と消え去り、のちに彼が身につけていたものだけが残る、というのは、中国の道教に見られる昇仙《しょうせん》説話の定番であるからだ。つまり、聖人は死ぬことはなく、昇天して神仙《しんせん》になると信じられたのであり、現に菅原道真などにも同様の話が伝えられている。平安時代、天智天皇は歴代の王朝の始祖として崇められ続けた。天智天皇の昇天説話は、同天皇に対する後代の神聖視が生み出した伝説であると考えている。

案内

天智天皇陵（御廟野古墳）：地下鉄東西線御陵（みささぎ）駅下車、東へ約800m。地図4

80 徳川家光廟から来た灯籠
―毘沙門堂

ＪＲ東海の「そうだ 京都、行こう。」のポスターが魅惑的だ。ハッと息を呑むほどの美しい写真に、その時々の洒落たキャッチコピーが配されている。平成十二年（二〇〇〇）春と同二十三年（二〇一一）秋のキャンペーンには、山科の毘沙門堂《びしゃもんどう》（護法山《ごほうざん》安国院《あんこくいん》出雲寺《いずもじ》＝山科区安朱稲荷山町）が登場した。天海大僧正によって復興され、寛文五年（一六六五）には山科に移転した。

毘沙門堂の灯籠

天台宗の門跡《もんぜき》寺院という格式を誇るお寺であるが、通常の観光コースからは外れているため、訪れる観光客は決して多くない。この寺に注目したというだけでも企画者のセンスは大したものだが、例によってポスターの写真が見事だった。春は爛漫たる桜、秋は壮麗な紅葉のトンネルが満面に展開し、そのまま京都の旅に誘われてしまうことは請け合いだ。

このお寺の本堂の前に、立派な二基の銅の灯籠が立っている。銘文によると、享保六年（一七二一）に前の天台座主である公寛法親王《こうかんほっしんのう》（東山天皇皇子）が奉納したものであることが知られる。同法親王は輪王寺宮《りんのうじのみや》（江戸の寛永寺と日光の輪王寺の門跡を兼務）

毘沙門堂灯籠の消された銘文
かすかに「大猷院殿」と読める。

として江戸に下向していた人物であるが、毘沙門堂門跡は輪王寺宮が兼ねることが通例だったから、彼が奉納したことに矛盾はない。ただ、この灯籠の火袋には葵の御紋が鋳だされている。周知のとおり葵の御紋は徳川将軍家の紋所であり、格式を誇る寺院といえども滅多なことでは使えなかったはずである。

実は、この灯籠の竿《さお》部には奇妙な傷があり、文字が意識的に消されている。石塚雄三氏の研究によって、ここにはもともと「大猷院殿《だいゆういんでん》」という文字が陽刻されていたことが解明された。大猷院殿とは徳川三代将軍家光の院殿号《いんでんごう》（貴人に贈られる戒名）である。家光は日光の輪王寺に葬られたのであるが、江戸の寛永寺にも彼の霊廟が造営されていた。ところが享保五年（一七二〇）に寛永寺大猷院廟は火災によって失われてしまい、結果、そこに建てられていた銅灯籠は寛永寺にゆかりの各地の寺社に移されることになったと推定される。山科の毘沙門堂の灯籠は、まさにこの時の遺物だったのである。

案内

毘沙門堂：JR東海道本線・地下鉄東西線山科駅、または京阪電車京阪山科駅下車、北へ約1.2 km。境内参拝自由、堂内の参拝には拝観料が必要。地図4

81 険しい山中に眠る寺院跡——安祥寺上寺跡

京都市の東部、ＪＲ山科駅の北側に安祥寺《あんしょうじ》（山科区御陵安祥寺町）という寺院がある。今はひっそりと静まり返っているが、平安時代前期に創建された名刹であった。開祖となったのは承和十四年（八四七）に唐より帰国した恵運《えうん》で、入唐八家《にっとうはっか》（空海、最澄など、唐の密教を日本に伝えた八人の僧）のひとりに数えられた名僧である。文徳天皇の母の藤原順子《のぶこ》（仁明天皇女御、のち太皇太后）

山中に眠る安祥寺上寺跡の調査
遺跡をめざして、ロープを頼りに崖を登る。

は恵運にあつく帰依し、そのパトロンとなってこの寺を建立したのであった。

現在の安祥寺は江戸時代に移転したのちの姿であるが、平安時代の安祥寺は山上と平地の両方に伽藍を構える壮大なものであった。そもそも密教とは、人里離れた山林で厳しい修行に励むのが本来的な姿である。しかし、往来すらままならない山中に閉じこもっていては、信者の要請に応えることができない。そこで、古代密教寺院はしばしば、修行のための「上寺《かみでら》」と信者のための「下寺《しもでら》」を分離した。安祥寺はこうした上下分離型の山林寺院の典型であった。

安祥寺上寺の遺跡は山科北方の山中にあ

安祥寺上寺復元図（梶川敏夫氏作画・提供）

り、建物の基壇や礎石が見事に残っている。この遺跡は梶川敏夫氏の長年にわたる調査によってその全貌が明らかにされた。さらに、梶川氏や上原真人氏を中心とする研究グループが結成されて遺跡の測量調査をおこなうことになり、私も当時勤務していた花園大学の学生諸君とともに参加させていただくことができた。細い山道を延々とたどり、最後には一本のロープだけを頼りにして険しい崖面をよじ登る。遺跡に到達するだけでも一苦労であったし、せっかく設置した測量用の杭が翌日にはイノシシに倒されていた、ということもあった。しかし、そうした場所だからこそ、平安時代の山林寺院の遺跡がほとんど完全な状態で残されたのである。私は山中の遺跡に立ちながら、古代の密教僧の厳しい修行を実感できたような気がした。

案内

安祥寺上寺跡：JR東海道本線・地下鉄東西線山科駅、京阪電車京阪山科駅下車、北へ約3 km。山中の道のないところなので、専門家の案内なしに到達することはむずかしい。地図4

安祥寺：JR東海道本線・地下鉄東西線山科駅、京阪電車京阪山科駅下車、北へ約600 m。非公開寺院のため、通常の公開はない。地図4

参考文献

【上　京】

❶寺升初代「平安宮の復元」（古代学協会・古代学研究所編『平安京提要』所収、東京、角川書店、一九九四年）

❷橋本義則「平安宮の中心」（朧谷壽・山中章編『平安京とその時代』所収、京都、思文閣出版、二〇〇九年）

瀧浪貞子「歴代遷宮論」（瀧浪『日本古代宮廷社会の研究』所収、京都、思文閣出版、一九九一年）

❸藤岡通夫『京都御所（新訂版）』（東京、中央公論美術出版、一九八七年）

西井芳子「裏松固禅とその業績」（『平安博物館研究紀要』第二輯所収、京都、古代学協会、一九七一年）

❹山田邦和「左京と右京」（古代学協会・古代学研究所編『平安京提要』所収、東京、角川書店、一九九四年）

❺関口　力「小一条院」（関口『摂関時代文化史研究』所収、京都、思文閣出版、二〇〇七年）

❻今井源衛『花山院の生涯』（東京、桜楓社、一九六八年）

森　　蘊『寝殿造系庭園の立地的考察』（「奈良国立文化財研究所十周年記念学報」学報第十三冊、奈良、同研究所、一九六二年）

太田静六『寝殿造の研究』（東京、吉川弘文館、一九八七年）

❼横田冬彦「城郭と権威」（『岩波講座　日本通史』第十一巻所収、東京、岩波書店、一九九三年）

加藤繁生「飛雲閣の産まれた場所（上）」（『史迹と美術』第八十三輯ノ一掲載、京都、史迹美術同攷会、二〇一三年）

❽石田孝喜『幕末維新　京都史跡事典』（東京、新人物往来社、一九八三年）

❿中村武生『京都の江戸時代をあるく』（京都、文理閣、二〇〇八年）

⓫川上　貢「持明院殿の考察」（川上『日本中世住宅の研究〈新訂〉』所収、東京、中央公論美術出版、二〇〇二年）

⓬小澤弘・川嶋将生『図説　上杉本「洛中洛外図屏風」を見る』（東京、河出書房新社、一九九四年）

黒田紘一郎『中世都市京都の研究』（東京、校倉書房、一九九六年）

⓮橋本義彦『藤原頼長』（「人物叢書」、東京、吉川弘文館、一九六四年）

山田邦和「保元の乱の関白忠通」（朧谷壽・山中章編『平安京とその時代』所収、京都、思文閣出版、二〇〇九年）

⓯福原敏男『京都の砂持風流絵巻―武蔵大学図書館蔵絵巻―』（東京、渡辺出版、二〇一四年）

⓰岡田正人『織田信長総合事典』（東京、雄山閣出版、一九九九年）

⑰福井県立博物館編『石をめぐる歴史と文化—笏谷石とその周辺—』図録（福井、同博物館、一九八九年）
福井県立朝倉氏遺跡資料館編『石の鬼—一乗谷の笏谷石—』目録（福井、同資料館、一九八八年）
尾野善裕「本満寺境内所在蓮乗院廟発掘調査報告」（『学叢』二十九所収、京都、京都国立博物館、二〇〇七年）
⑱山田邦和「平安京の信仰と伝説」（山田『日本中世の首都と王権都市』所収、京都、文理閣、二〇一二年）
⑲伊東宗裕『京の石碑ものがたり』（京都、京都新聞社、一九九七年）
⑳中村武生「京都三宅安兵衛・清治郎父子建立碑とその分布」（『花園史学』第二十二号掲載、京都、花園大学史学会、二〇〇一年）
㉑京都府立第一高等女学校編『京都府立第一高等女学校創立第三十五年紀念誌』（京都、同校、一九〇七年）
㉒京都文化博物館編『京の葵祭展—王朝絵巻の歴史をひもとく—』（京都、同博物館、二〇〇三年）
㉓圭室諦成『横井小楠』（「人物叢書」、東京、吉川弘文館、一九六七年）
㉕佐伯有清『新撰姓氏録の研究』考証篇三（東京、吉川弘文館、一九八二年）
㉖伊東史朗監修、千本釈迦堂大報恩寺編『千本釈迦堂—大報恩寺の美術と歴史』（京都、柳原出版、二〇〇八年）
京都府教育庁文化財保護課編『国宝建造物大報恩寺本堂修理工事報告書』（京都、京都府教育庁文化財保護課、一九五四年）
冨島義幸「足利義満と北野経王堂」（桃崎有一郎・山田邦和編『室町政権の首府構想と京都—室町・北山・東山—』所収、京都、文理閣、二〇一六年）
㉗山田邦和「史跡顕彰の実践」（山田『日本中世の首都と王権都市』所収、京都、文理閣、二〇一二年）
㉘吉田守男『日本の古都はなぜ空襲を免れたか』（「朝日文庫」、東京、朝日新聞社、二〇〇二年）
池田一郎・鈴木哲也『京都の「戦争遺跡」をめぐる』（京都、機関紙共同出版、一九九一年）
㉙山下克明「安倍晴明の邸宅とその伝領」（『日本歴史』第六三二号掲載、東京、吉川弘文館、二〇〇一年）
㉚松中由美子「日本における則天文字の受容」（同志社大学考古学シリーズⅣ『考古学と技術』所収、京都、同シリーズ刊行会、一九八八年）
㉛永井太一郎『二条城にはふたつ天守閣あり』（京都、大龍堂書店、二〇〇〇年）
㉝『二条城—京洛を統べる雅びの城—』（「歴史群像　名城シリーズ」、東京、学習研究社、一九九六年）
㉞岡野友彦『源氏と日本国王』（「講談社現代新書」、東京、講談社、二〇〇三年）
㉟堀　新「信長公記とその時代」（堀新編『信長公記を読む』所収、東京、吉川弘文館、二〇〇九年）
同　「豊臣秀吉は征夷大将軍になりたかったのか？」（山本博文・堀新・曽根勇二編『偽りの秀吉像を打ち壊す』所収、東京、柏書房、二〇一三年）
森島康雄「聚楽第と城下町」・百瀬正恒「聚楽第の築城と都市の発展」（日本史研究会編『豊臣秀吉と京都』所収、京都、文理閣、二〇〇一年）

㊱藤田達生『謎とき本能寺の変』（『講談社現代新書』、東京、講談社、二〇〇三年）

㊳堀　勇雄『林羅山』（『人物叢書』、東京、吉川弘文館、一九六四年）

井口和起監修、木村万平『百足屋町史―職・住・祭　共存のまち―』（『百足屋町史』巻一、京都、南観音山の百足屋町史刊行会、二〇〇五年）

【洛　北】

㊵森　浩一『京都の歴史を足元からさぐる』北野・紫野・洛中の巻（東京、学生社、二〇〇八年）

㊶竹村俊則『新撰京都名所図会』三（京都、白川書院、一九六一年）

同　『昭和京都名所図会』五（京都、駸々堂出版、一九八四年）

山田邦和・外池昇「『文化山陵図』の一写本」（京都文化博物館研究紀要『朱雀』第十集所収、京都、京都府京都文化博物館、一九九八年）

㊷福原敏男「幕末京都の祝祭的世界―『ちょうちょう踊図巻』―」（『絵画の発見』所収、東京、平凡社、一九八六年）

長谷川伸三「天保十年京都豊年踊りの絵画資料」（『大阪樟蔭女子大学学芸学部論集』第四十三号所収、東大阪、同大学学芸学部、二〇〇六年）

㊸宇野日出生『八瀬童子―歴史と文化―』（京都、思文閣出版、二〇〇七年）

京都文化博物館編『重要文化財指定記念　八瀬童子―天皇と里人―』図録（京都、同博物館、二〇一二年）

㊹山田邦和『須恵器生産の研究』（東京、学生社、一九九八年）

㊺『洛北上高野八幡さんの絵馬』編集委員会編『洛北上高野八幡さんの絵馬―三宅八幡神社奉納育児・成人儀礼関連絵馬調査報告書―』（京都、三宅八幡宮絵馬保存会、二〇〇五年）

㊼島田貞彦「山城幡枝の土器」（『考古学雑誌』第二十一巻第三号掲載、東京、考古学会、一九三一年）

田中一廣「京都・岩倉木野の『焼塩壺』」（『中近世土器の基礎研究』X所収、高槻、日本中世土器研究会、一九九四年）

㊽同志社大学民俗学研究会「小野郷大森墓地調査報告―山城国葛野郡小野郷大森村―」（『伝承と歴史』第三号掲載、京都、同研究会、一九六七年）

山田邦和「京都の都市空間と墓地」（山田『京都都市史の研究』所収、東京、吉川弘文館、二〇〇九年）

【洛東・山科】

㊾京都大学埋蔵文化財研究センター編『京都大学構内遺跡調査研究年報』昭和五十三年度（京都、同センター、一九七九年）

山田邦和「平安時代天皇陵研究の展望」（『日本史研究』五二一号、京都、日本史研究会、二〇〇六年）

50 原田大六『阿弥陀仏経碑の謎』（「ロッコウブックス」、東京、六興出版、一九八四年）

52 村松　剛『帝王後醍醐―「中世」の光と影―』（「中公文庫」、東京、中央公論社、一九八一年）

54 中山太郎『日本盲人史（正・続）』（東京、パルトス社、一九八五年復刊〈初版は東京、昭和書房、一九三四・一九三六年〉）

55 杉山信三『院家建築の研究』（東京、吉川弘文館、一九八一年）

56 京都市学校歴史博物館編『京の学校・歴史探訪　我が国の近代教育の魁』（京都、京都市社会教育振興財団、一九九八年）

59 山田邦和「鴨川の治水神」（山田『日本中世の首都と王権都市』所収、京都、文理閣、二〇一二年）

瀬田勝哉「失われた五条橋中島」（瀬田『増補　洛中洛外の群像―失われた中世京都へ―』所収、東京、平凡社、二〇〇九年）

60 柳田國男「俗聖沿革史」（ちくま文庫版『柳田國男全集』十一所収、東京、筑摩書房、一九九〇年）

61 長楽寺編『長楽寺千年―遊行歴代上人肖像彫刻並びに七条文書・長楽寺千年―』（京都、同寺、一九八二年）

63 今枝愛真『中世禅宗史の研究』（東京、東京大学出版会、二〇〇一年）

65 安藤信策「山城の石棺」（『京都考古』第十五号掲載、京都、京都考古刊行会、一九七五年）

同「大覚寺古墳群発掘調査概要」（『埋蔵文化財発掘調査概報』一九七六所収、京都、京都府教育庁）

67 小寺慶昭『京都狛犬巡り』（京都、ナカニシヤ出版、一九九九年）

68 福井県立博物館編『石をめぐる歴史と文化―笏谷石とその周辺―』図録（福井、同博物館、一九八九年）

福井県立朝倉氏遺跡資料館編『石の鬼―一乗谷の笏谷石―』図録（福井、同資料館、一九八八年）

69 加藤繁生「京都市内の石造アーチ橋（上・中・下）」（『史迹と美術』第八十輯ノ四〜六掲載、京都、史迹美術同攷会、二〇一〇年）

70 山川　均『中世石造物の研究―石工・民衆・聖―』（「日本史史料研究会研究選書」二、東京、日本史史料研究会、二〇〇八年）

71 山田邦和「京都の都市空間と墓地」（山田『京都都市史の研究』所収、東京、吉川弘文館、二〇〇九年）

川勝政太郎『京都石造美術の研究』（京都、河原書店、一九四八年）

72 河内将芳『秀吉の大仏造立』（京都、法藏館、二〇〇八年）

山室恭子『黄金太閤―夢を演じた天下人―』（「中公新書」、東京、中央公論社、一九九二年）

73 角田文衞「建春門院」（古代学協会編『後白河院―動乱期の天皇―』所収、東京、吉川弘文館、一九九三年）

栗山圭子「院政期における国母の政治的位置」（栗山『中世王家の成立と院政』所収、東京、吉川弘文館、二〇一二年）

山田邦和「後白河天皇陵と法住寺殿」（髙橋昌明編『院政期の内裏・大内裏と院御所』所収、京都、文理閣、二〇〇六年）

㉔ＮＨＫ歴史誕生取材班編『歴史誕生』四（東京、角川書店、一九九〇年）
㉕川勝政太郎『京都の石造美術』（東京、木耳社、一九七二年）
奈良国立博物館編『大勧進　重源―東大寺の鎌倉復興と新たな美の創出―』図録（奈良、同博物館、二〇〇六年）
㉖外池　昇編、外池昇・西田孝司・山田邦和解説『文久山陵図』（東京、新人物往来社、二〇〇五年）
㉗大津市歴史博物館編『車石―江戸時代の街道整備―』図録（大津、同博物館、二〇一二年）
㉘吉川真司「近江京・平安京と山科」（上原真人編『皇太后の山寺―山科安祥寺の創建と古代山林寺院―』所収、京都、柳原出版、二〇〇七年）
㉙遠山美都男『天智天皇―律令国家建設者の虚実―』（「ＰＨＰ新書」、東京、ＰＨＰ研究所、一九九九年）
山田邦和「天皇陵史料としての『扶桑略記』」（同志社大学考古学シリーズXI『森浩一先生に学ぶ―森浩一先生追悼論集―』所収、京都、同シリーズ刊行会、二〇一五年）
白石太一郎『古墳と古墳群の研究』（東京、塙書房、二〇〇〇年）
㉚石塚雄三「京都山科毘沙門堂銅燈籠の謎」（『史迹と美術』第八十一輯ノ一掲載、京都、史迹美術同攷会、二〇一一年）
㉛上原真人編『皇太后の山寺―山科安祥寺の創建と古代山林寺院―』（京都、柳原出版、二〇〇七年）
第一四研究会「王権とモニュメント」編『安祥寺の研究―京都市山科区所在の平安時代初期の山林寺院―』（京都、京都大学大学院文学研究科二一世紀ＣＯＥプログラム『グローバル化時代の多元的人文学の拠点形成』、二〇〇四年）

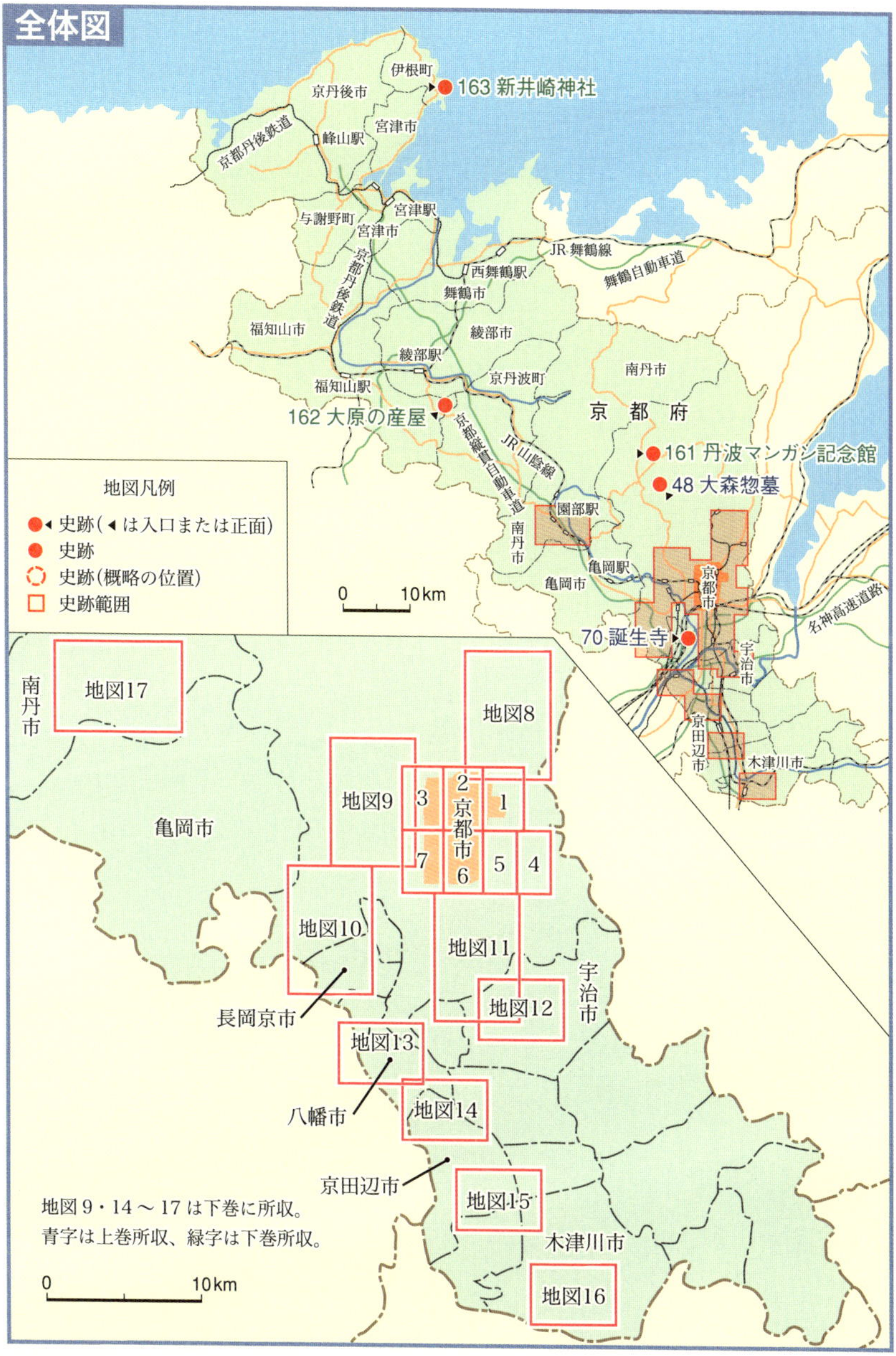

全体図
伊根町
163 新井崎神社
京丹後市
京都丹後鉄道
峰山駅
宮津市
与謝野町
宮津駅
宮津市
京都丹後鉄道
JR舞鶴線
舞鶴自動車道
西舞鶴駅
舞鶴市
福知山市
綾部市
綾部駅
南丹市
福知山駅
京丹波町
162 大原の産屋
京都縦貫自動車道
JR山陰線
京都府
161 丹波マンガン記念館
48 大森惣墓
園部駅
南丹市
亀岡駅
亀岡市
京都市
名神高速道路
70 誕生寺
宇治市
京田辺市
木津川市
0 10km
地図凡例
史跡（◀は入口または正面）
史跡
史跡（概略の位置）
史跡範囲
南丹市
地図17
地図8
地図9
3
2
京都市
1
7
6
5
4
亀岡市
地図10
地図11
宇治市
地図12
長岡京市
地図13
八幡市
地図14
京田辺市
地図15
木津川市
地図16
地図9・14～17は下巻に所収。
青字は上巻所収、緑字は下巻所収。
0 10km

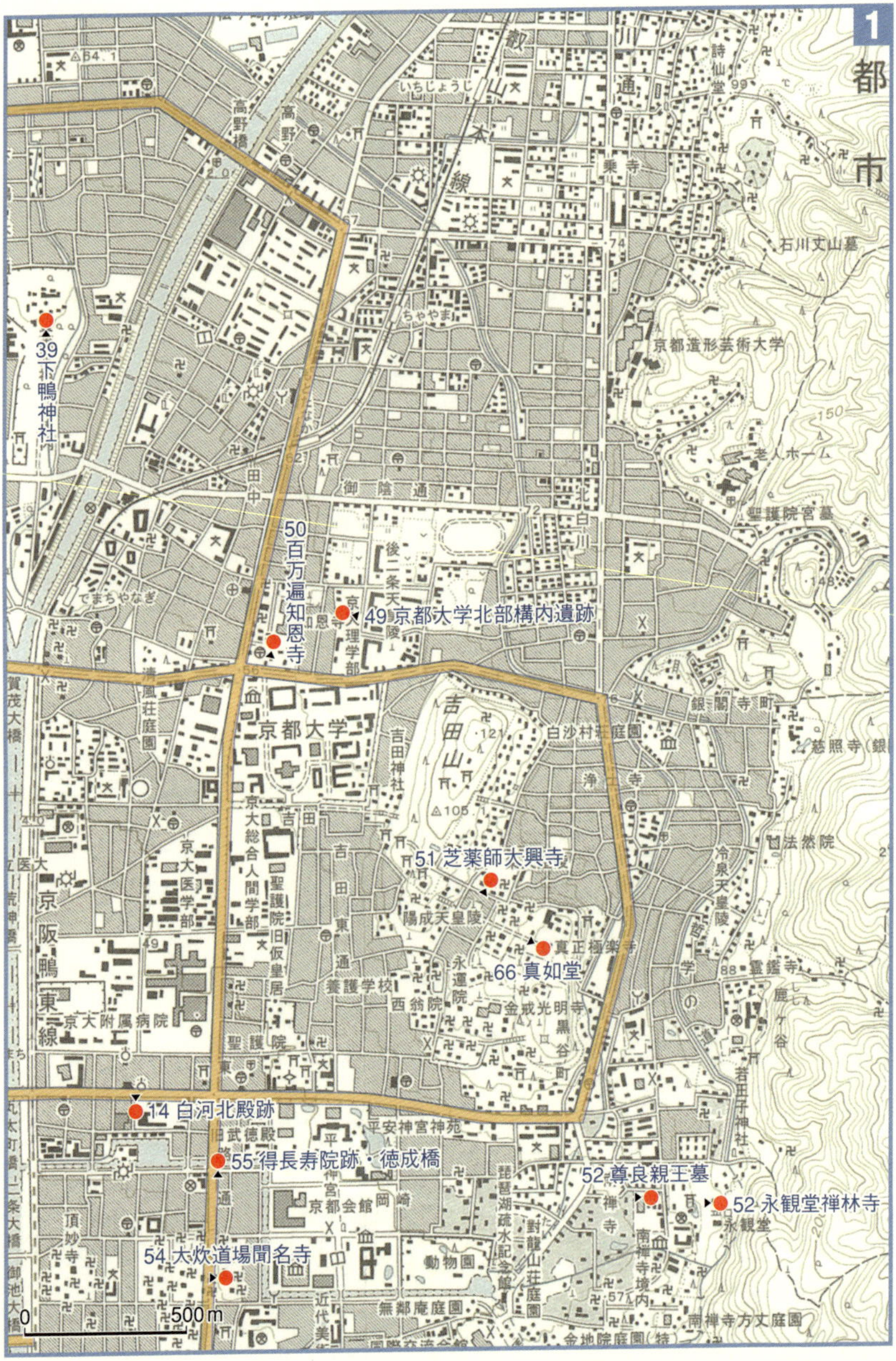
1
都市
39 下鴨神社
50 百万遍知恩寺
49 京都大学北部構内遺跡
51 芝薬師大興寺
66 真如堂
14 白河北殿跡
55 得長寿院跡・徳成橋
54 大炊道場聞名寺
52 尊良親王墓
52 永観堂禅林寺
京都大学
吉田山
京都造形芸術大学
石川丈山墓
聖護院宮墓
銀閣寺町
白沙村荘庭園
慈照寺(銀
法然院
冷泉天皇陵
霊鑑寺
陽成天皇陵
真正極楽寺
金戒光明寺
平安神宮
京都会館
動物園
無鄰庵庭園
南禅寺方丈庭園
金地院庭園
京大附属病院
京大医学部
清風荘庭園
叡山本線
いちじょうじ
ちゃやま
でまちやなぎ
御陰通
北白川
0
500m

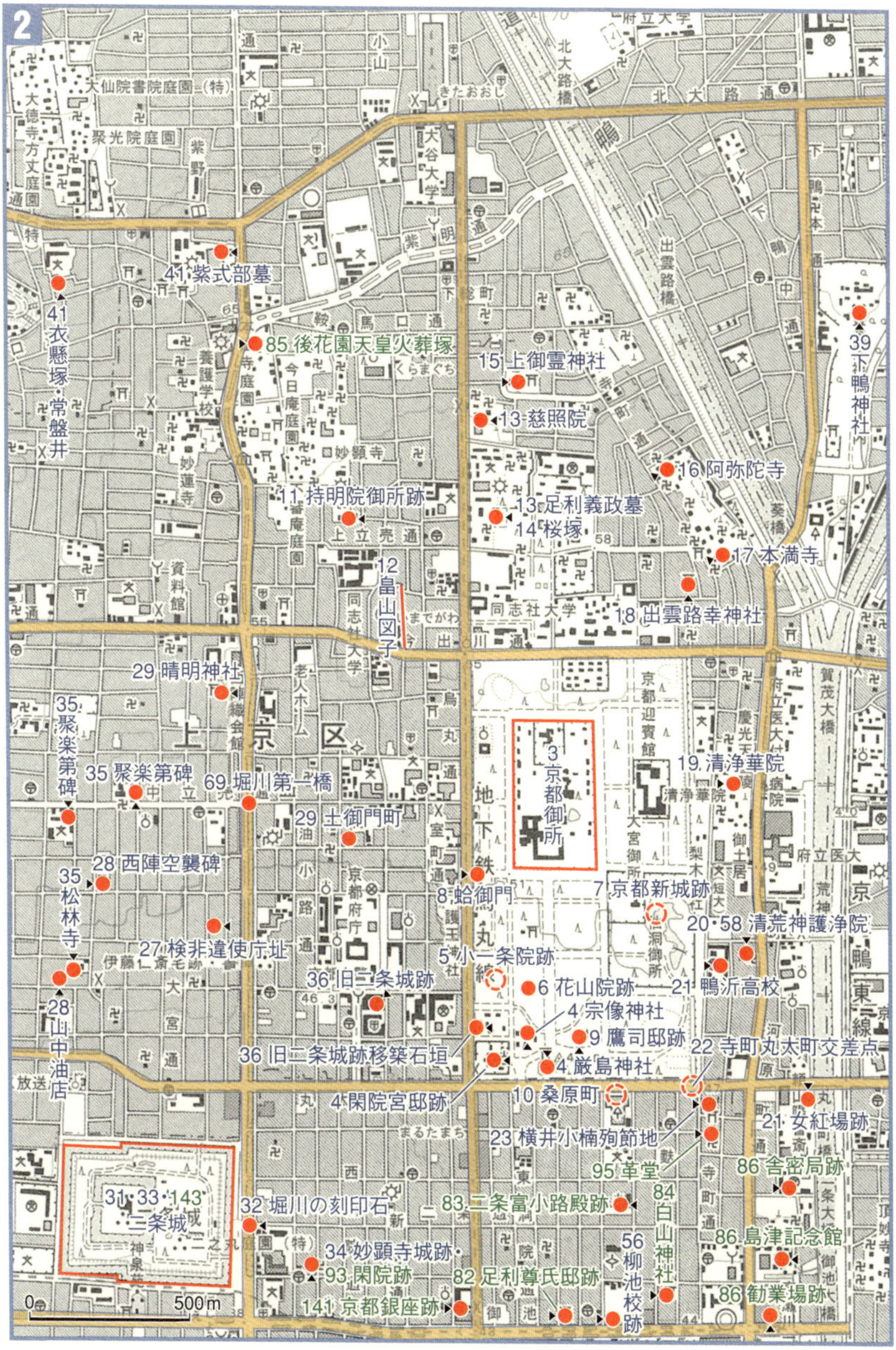
2
大仙院書院庭園（特）
聚光院庭園
大徳寺方丈庭園
大谷大学
北大路通
出雲路橋
41 紫式部墓
41 衣懸塚・常盤井
85 後花園天皇火葬塚
15 上御霊神社
13 慈照院
39 下鴨神社
16 阿弥陀寺
11 持明院御所跡
13 足利義政墓
14 桜塚
17 本満寺
12 畠山図子
18 出雲路幸神社
同志社大学
今出川通
29 晴明神社
35 聚楽第碑
3 京都御所
京都迎賓館
19 清浄華院
35 聚楽第碑
69 堀川第一橋
上京区
29 土御門町
35 松林寺
28 西陣空襲碑
8 蛤御門
7 京都新城跡
20・58 清荒神護浄院
27 検非違使庁址
5 小一条院跡
36 旧二条城跡
6 花山院跡
21 鴨沂高校
28 山中油店
4 宗像神社
9 鷹司邸跡
36 旧二条城跡移築石垣
22 寺町丸太町交差点
4 厳島神社
4 閑院宮邸跡
10 桑原町
21 女紅場跡
23 横井小楠殉節地
95 革堂
86 舎密局跡
31・33・143 二条城
32 堀川の刻印石
83 二条富小路殿跡
84 白山神社
86 島津記念館
34 妙顕寺城跡・
93 閑院跡
56 柳池校跡
82 足利尊氏邸跡
86 勧業場跡
141 京都銀座跡
0
500m

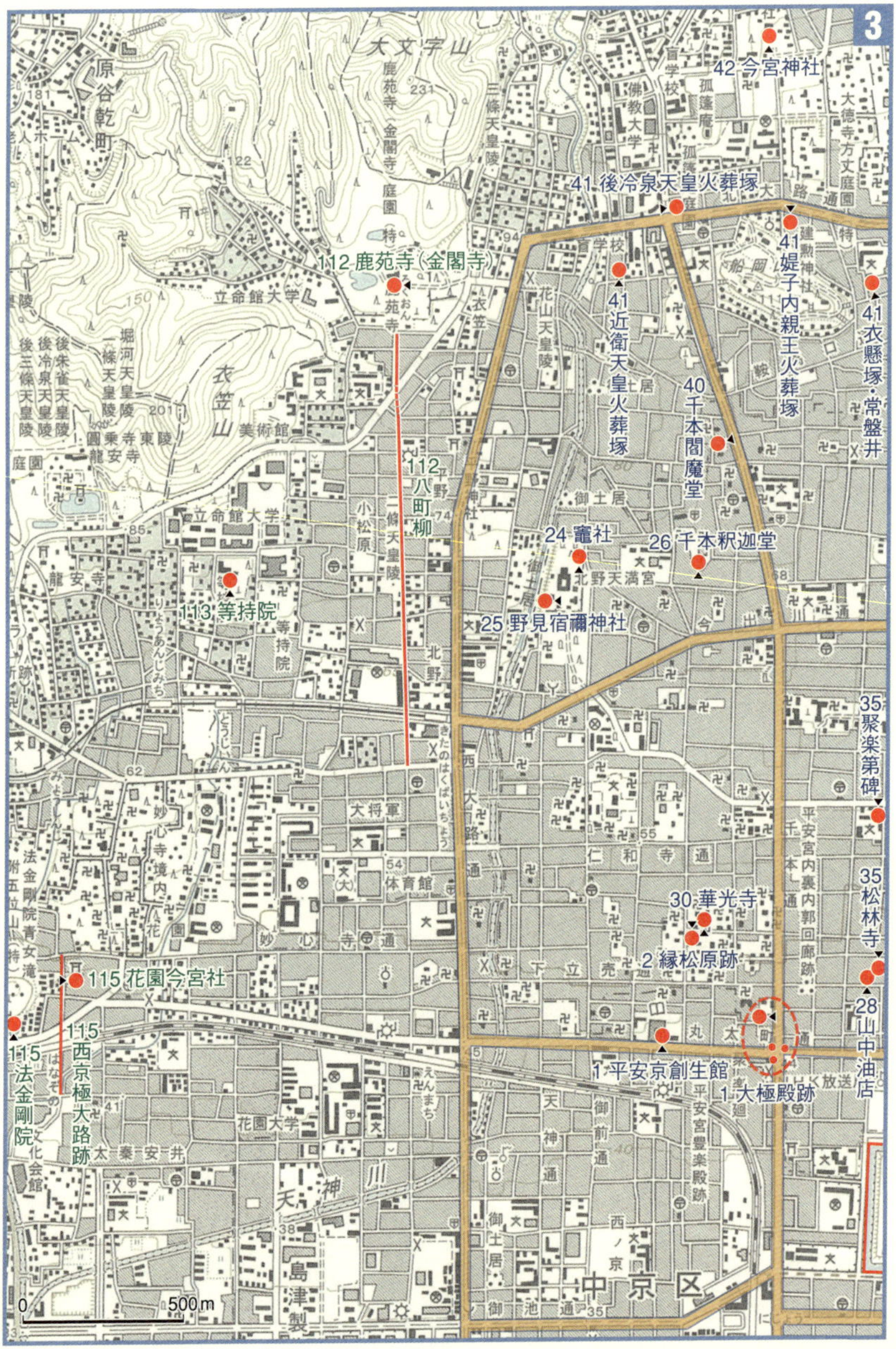
3
42 今宮神社
41 後冷泉天皇火葬塚
41 媞子内親王火葬塚
41 衣懸塚・常盤井
112 鹿苑寺（金閣寺）
41 近衛天皇火葬塚
40 千本閻魔堂
112 八町柳
24 竈社
26 千本釈迦堂
25 野見宿禰神社
113 等持院
35 聚楽第碑
30 華光寺
35 松林寺
2 縁松原跡
115 花園今宮社
28 山中油店
1 平安京創生館
1 大極殿跡
115 法金剛院
115 西京極大路跡
大文字山
原谷乾町
衣笠山
立命館大学
美術館
龍安寺
佛教大学
大徳寺方丈庭園
建勲神社
船岡山
北野天満宮
妙心寺境内
花園大学
仁和寺通
妙心寺通
下立売通
丸太町通
御池通
天神川
中京区
平安宮内裏内郭回廊跡
平安宮豊楽殿跡
0 500m

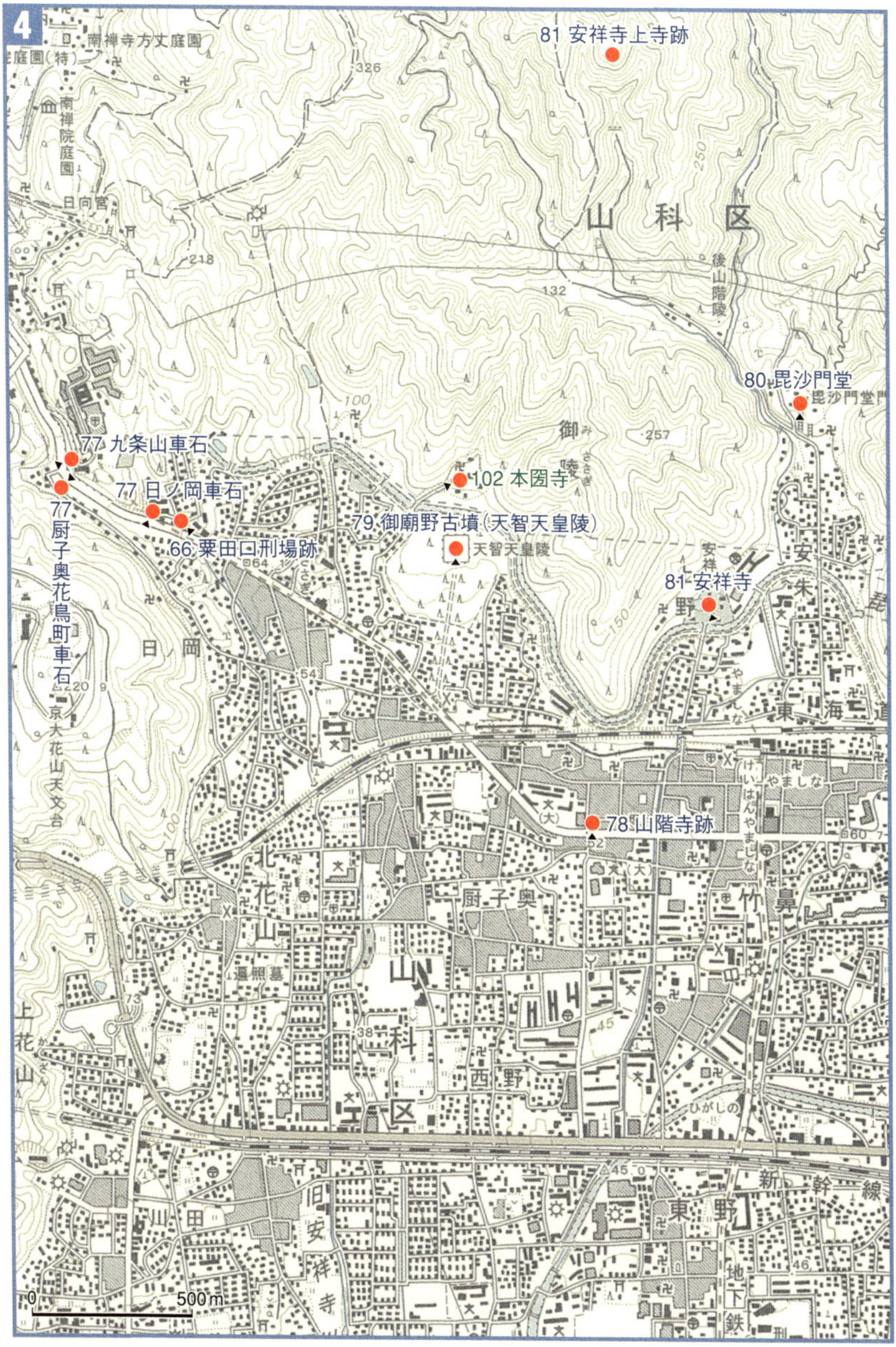
4
南禅寺方丈庭園
南禅院庭園
日向宮
81 安祥寺上寺跡
山科区
後山階陵
80 毘沙門堂
毘沙門堂門
御陵
77 九条山車石
77 日ノ岡車石
102 本圀寺
79 御廟野古墳（天智天皇陵）
天智天皇陵
66 粟田口刑場跡
77 厨子奥花鳥町車石
81 安祥寺
安祥寺
日岡
京大花山天文台
東海道
78 山階寺跡
北花山
厨子奥
竹鼻
山科区
西野
上花山
新幹線
東野
旧安祥寺
山田
地下鉄
0
500m

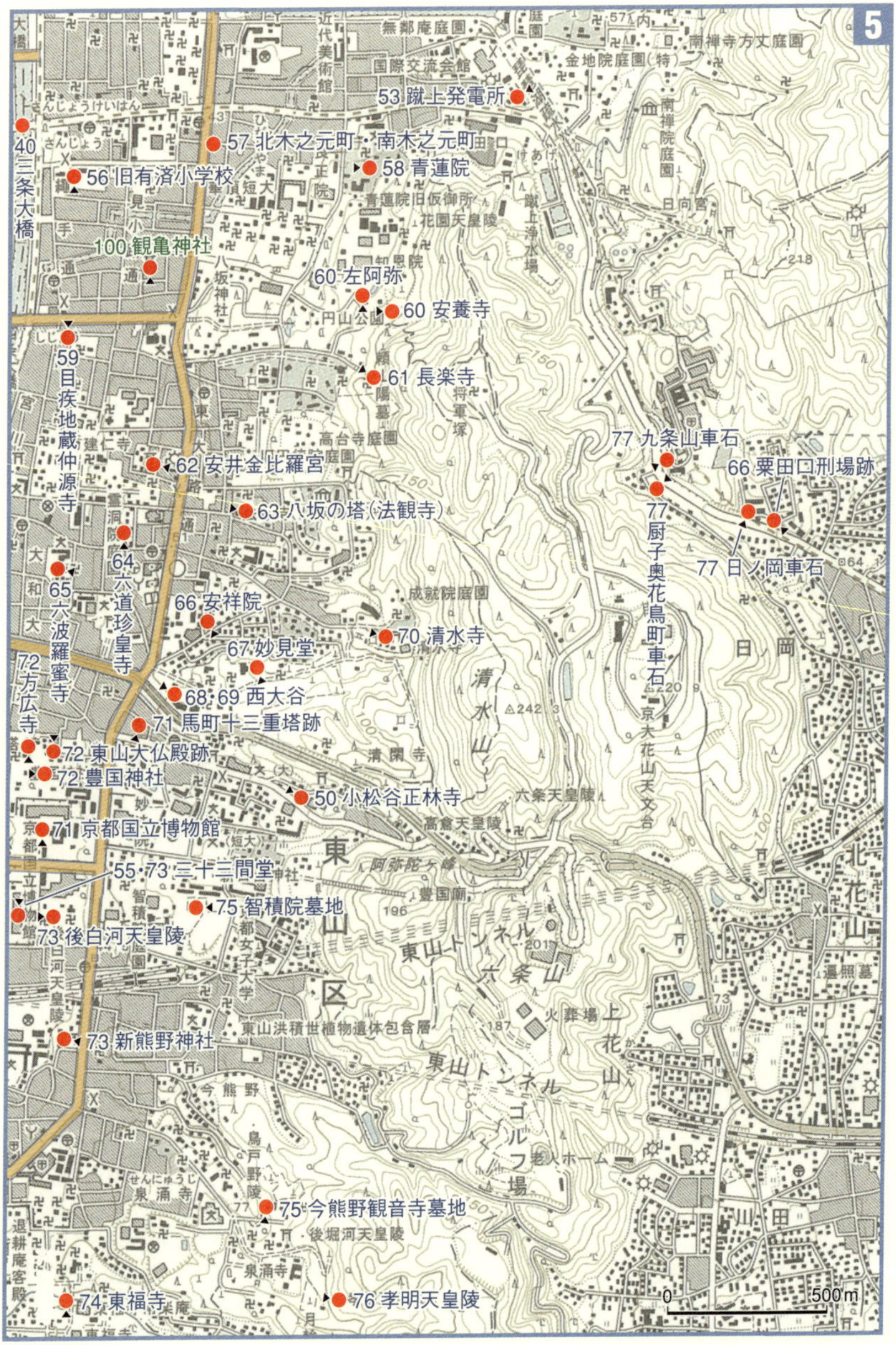
5
53 蹴上発電所
40 三条大橋
57 北木之元町・南木之元町
56 旧有済小学校
58 青蓮院
100 観亀神社
60 左阿弥
60 安養寺
59 目疾地蔵仲源寺
61 長楽寺
77 九条山車石
66 粟田口刑場跡
62 安井金比羅宮
63 八坂の塔（法観寺）
77 厨子奥花鳥町車石
77 日ノ岡車石
64 六道珍皇寺
65 六波羅蜜寺
66 安祥院
70 清水寺
67 妙見堂
72 方広寺
68.69 西大谷
71 馬町十三重塔跡
72 東山大仏殿跡
72 豊国神社
50 小松谷正林寺
71 京都国立博物館
55.73 三十三間堂
75 智積院墓地
73 後白河天皇陵
73 新熊野神社
75 今熊野観音寺墓地
74 東福寺
76 孝明天皇陵
0 500m

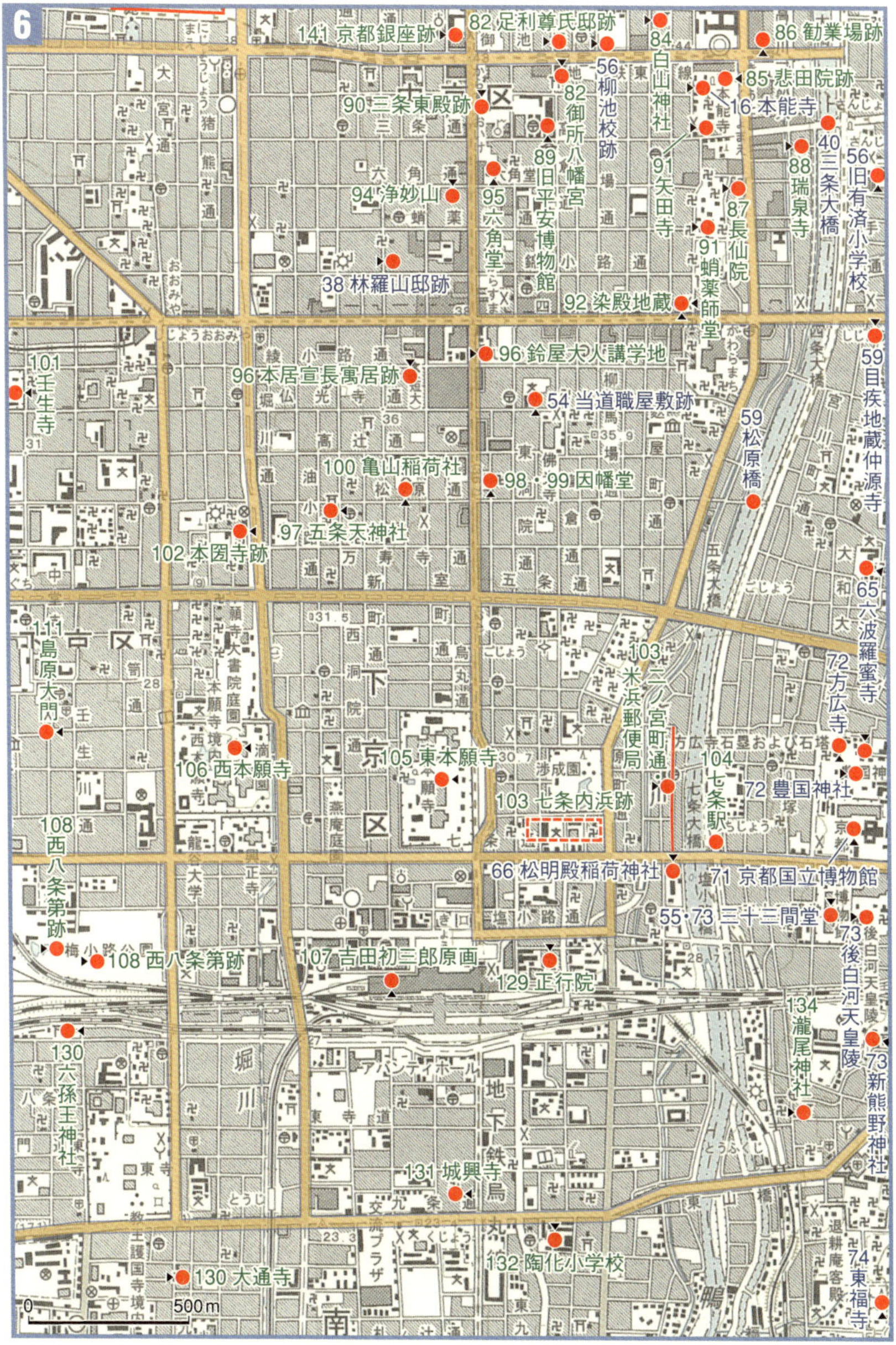
6
141 京都銀座跡
82 足利尊氏邸跡
84 白山神社
86 勧業場跡
56 柳池校跡
85 悲田院跡
16 本能寺
82 御所八幡宮
90 三条東殿跡
40 三条大橋
56 旧有済小学校
89 旧平安博物館
91 矢田寺
88 瑞泉寺
94 浄妙山
95 六角堂
87 長仙院
91 蛸薬師堂
38 林羅山邸跡
92 染殿地蔵
101 壬生寺
96 鈴屋大人講学地
96 本居宣長寓居跡
59 目疾地蔵仲源寺
54 当道職屋敷跡
59 松原橋
100 亀山稲荷社
98・99 因幡堂
97 五条天神社
102 本圀寺跡
65 六波羅蜜寺
111 島原大門
103 米浜郵便局
72 方広寺
方広寺石塁および石塔
104 七条駅
106 西本願寺
105 東本願寺
72 豊国神社
103 七条内浜跡
108 西八条第跡
66 松明殿稲荷神社
71 京都国立博物館
55・73 三十三間堂
73 後白河天皇陵
108 西八条第跡
107 吉田初三郎原画
129 正行院
130 六孫王神社
134 瀧尾神社
73 新熊野神社
131 城興寺
132 陶化小学校
130 大通寺
74 東福寺
0 500m

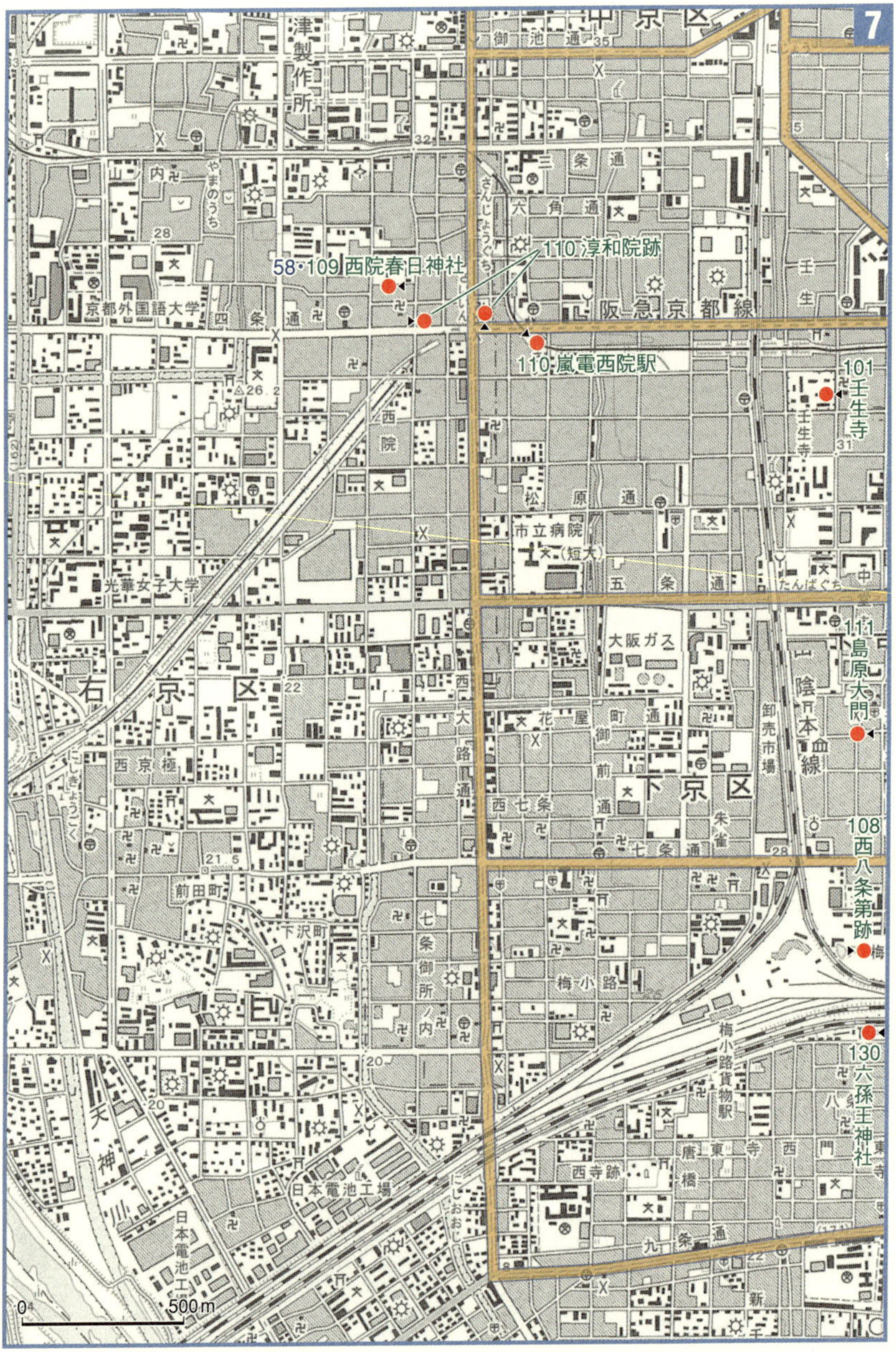
7
中京区
御池通
津製作所
三条通
六角通
さんじょうぐち
やまのうち
山ノ内
110 淳和院跡
58・109 西院春日神社
京都外国語大学
四条通
阪急京都線
110 嵐電西院駅
101 壬生寺
壬生
壬生寺
西院
松原通
市立病院
（短大）
光華女子大学
五条通
たんばぐち
111 島原大門
大阪ガス
右京区
西大路通
花屋町通
御前通
卸売市場
山陰本線
西京極
にしきょうごく
下京区
西七条
七条通
朱雀
108 西八条第跡
前田町
下沢町
七条御所ノ内
梅小路
梅小路貨物駅
130 六孫王神社
天神川
日本電池工場
にしおおじ
西寺跡
唐橋
東寺西門
八条
九条通
日本電池工
0
500 m

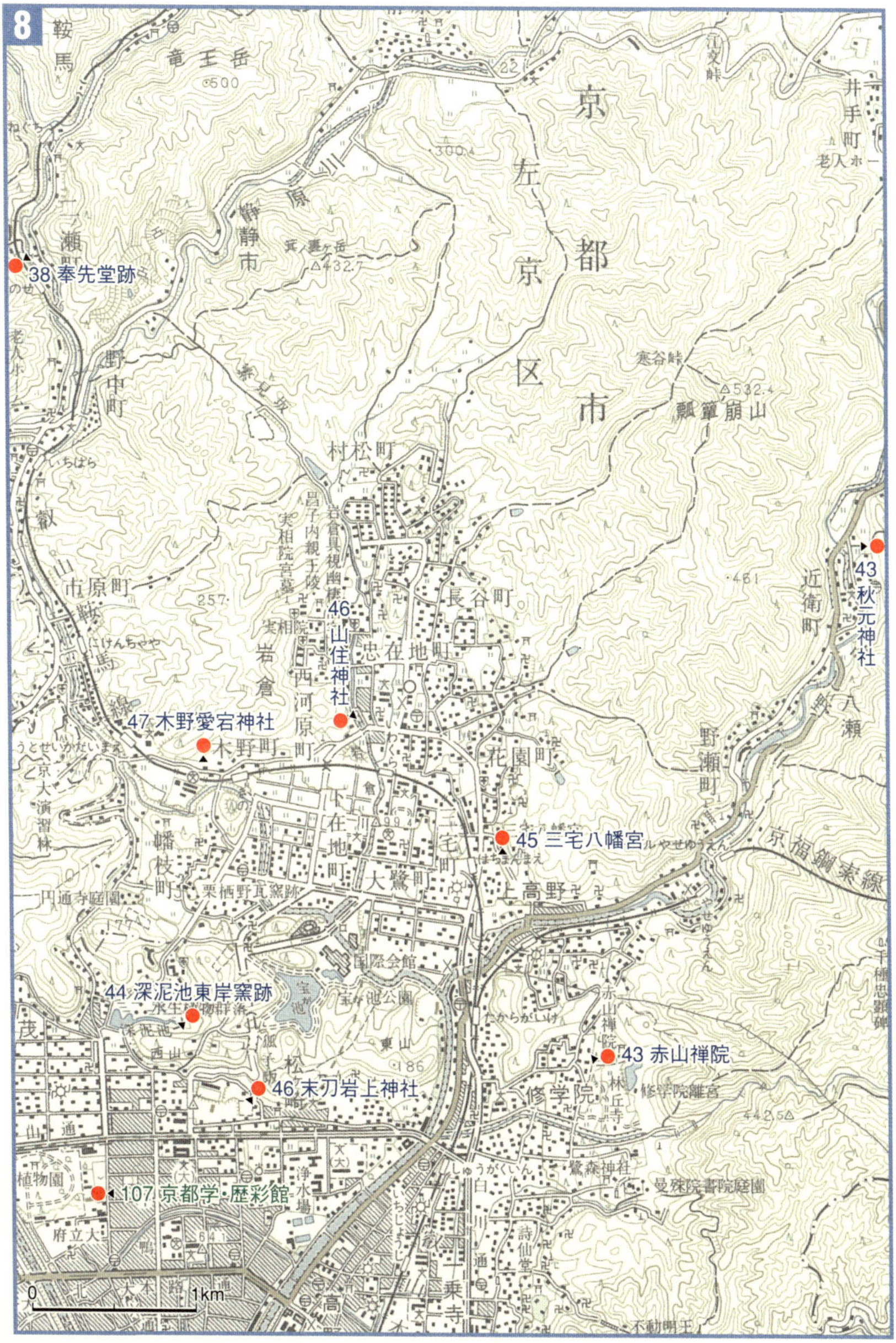
8
38 奉先堂跡
46 山住神社
43 秋元神社
47 木野愛宕神社
45 三宅八幡宮
44 深泥池東岸窯跡
43 赤山禅院
46 末刀岩上神社
107 京都学・歴彩館
京都市
左京区
0
1km

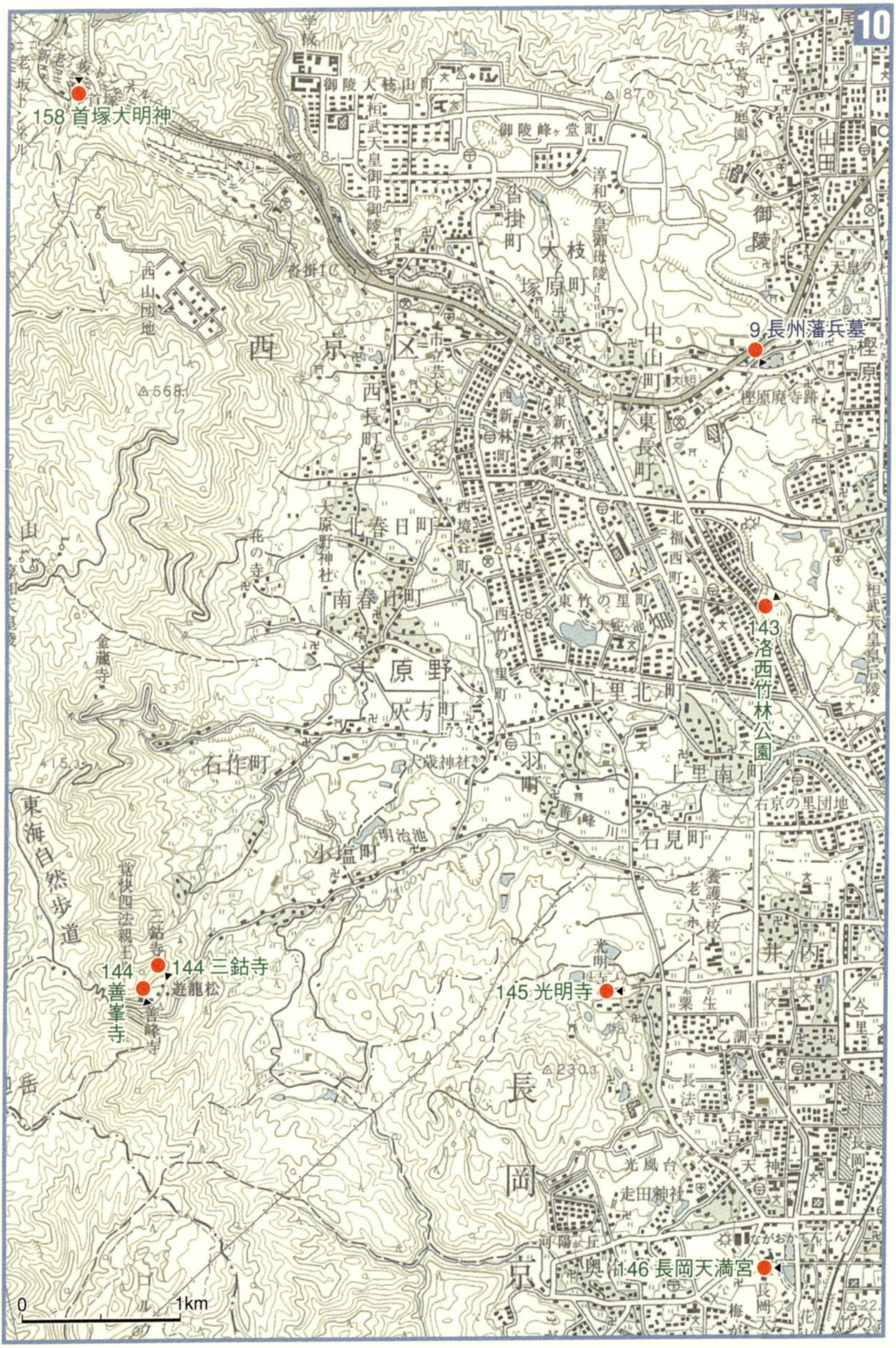
10
158 首塚大明神
9 長州藩兵墓
143 洛西竹林公園
144 三鈷寺
144 善峯寺
145 光明寺
146 長岡天満宮
0
1km

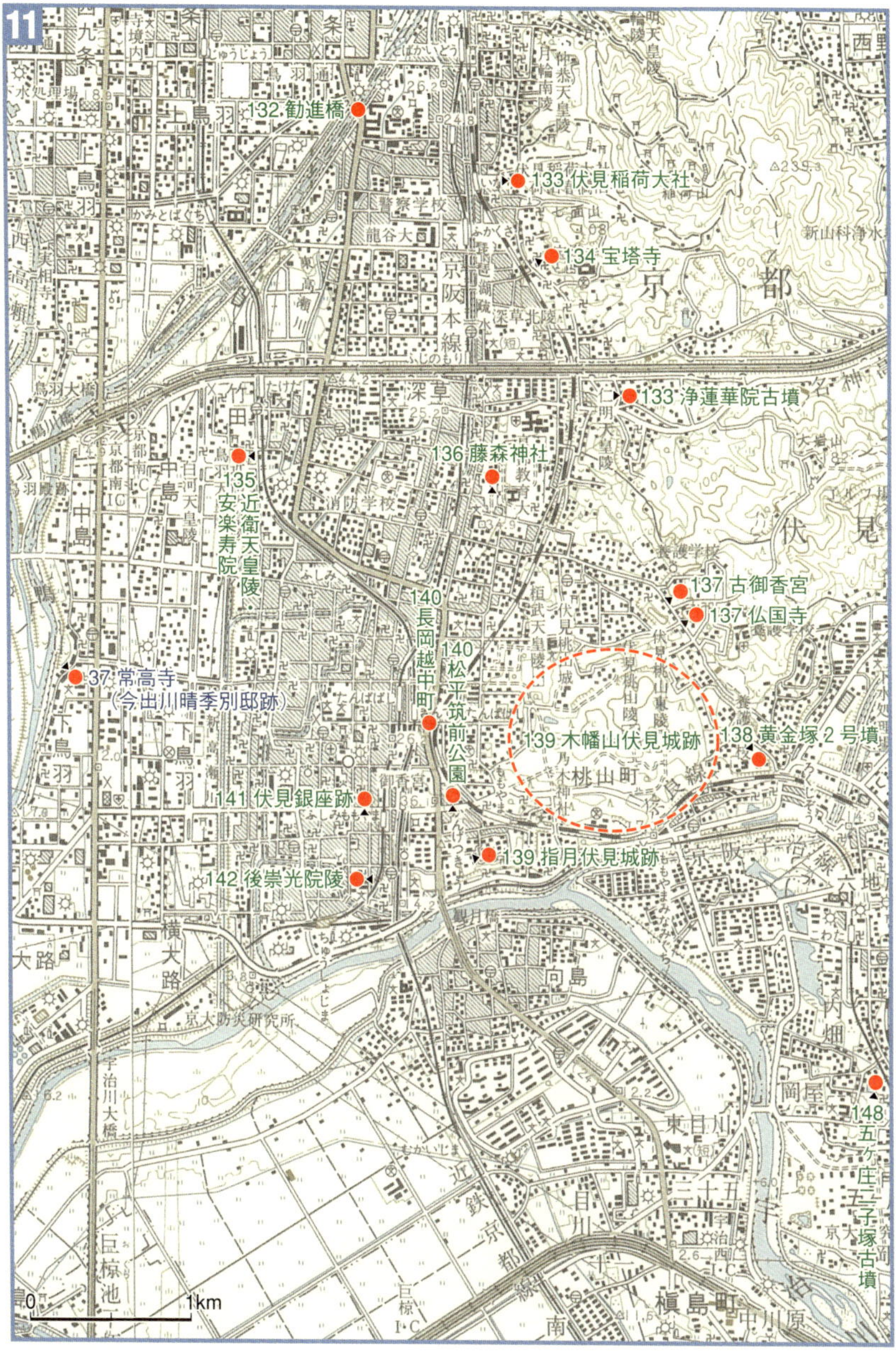
11
132 勧進橋
133 伏見稲荷大社
134 宝塔寺
133 浄蓮華院古墳
136 藤森神社
135
近衛天皇陵
安楽寿院
137 古御香宮
137 仏国寺
37 常高寺
（今出川晴季別邸跡）
140 長岡越中町
140 松平筑前公園
139 木幡山伏見城跡
138 黄金塚２号墳
141 伏見銀座跡
139 指月伏見城跡
142 後崇光院陵
148 五ケ庄二子塚古墳
0
1km

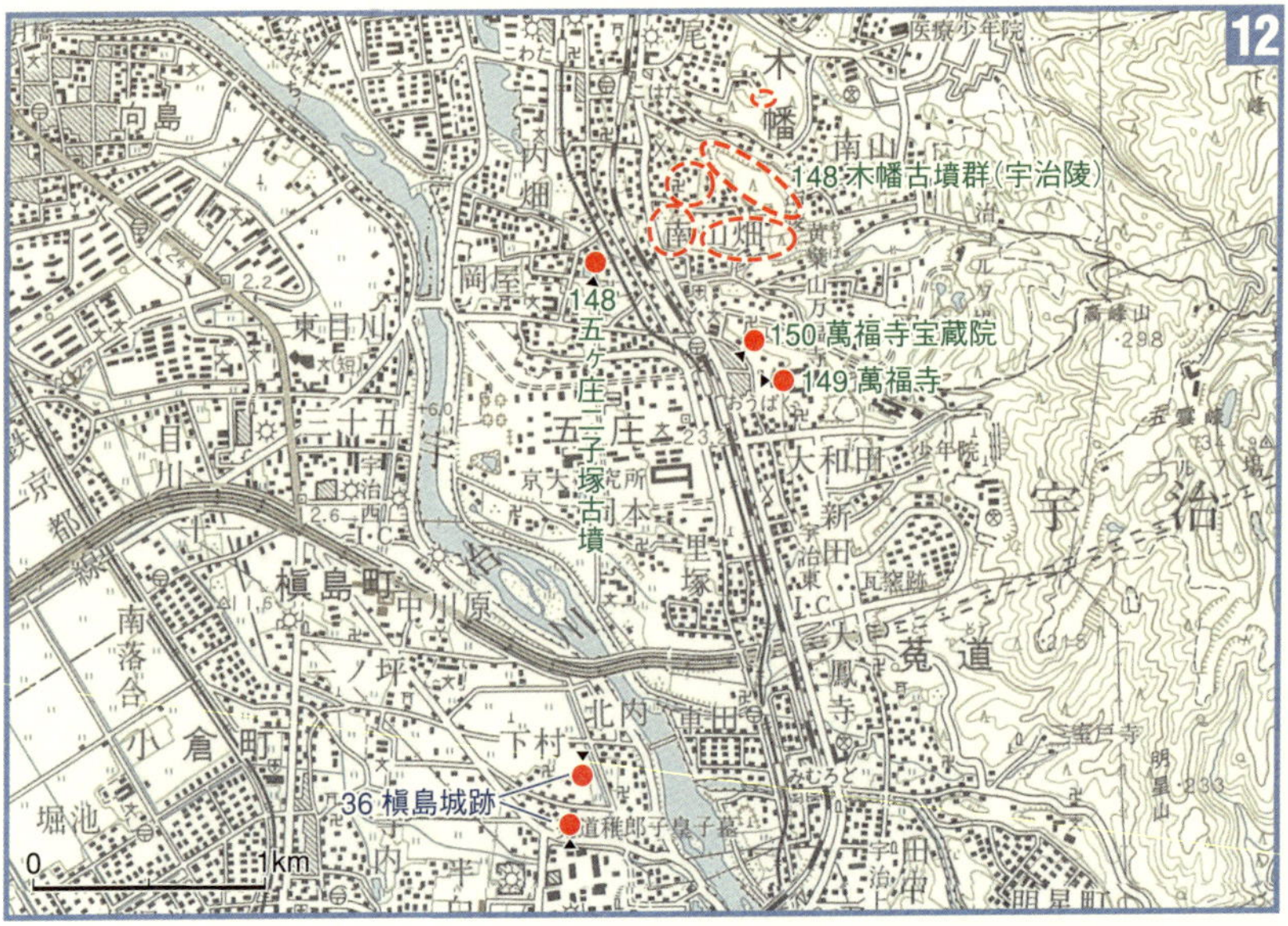
12
148 木幡古墳群（宇治陵）
148 五ケ庄二子塚古墳
150 萬福寺宝蔵院
149 萬福寺
36 槇島城跡
0 1km

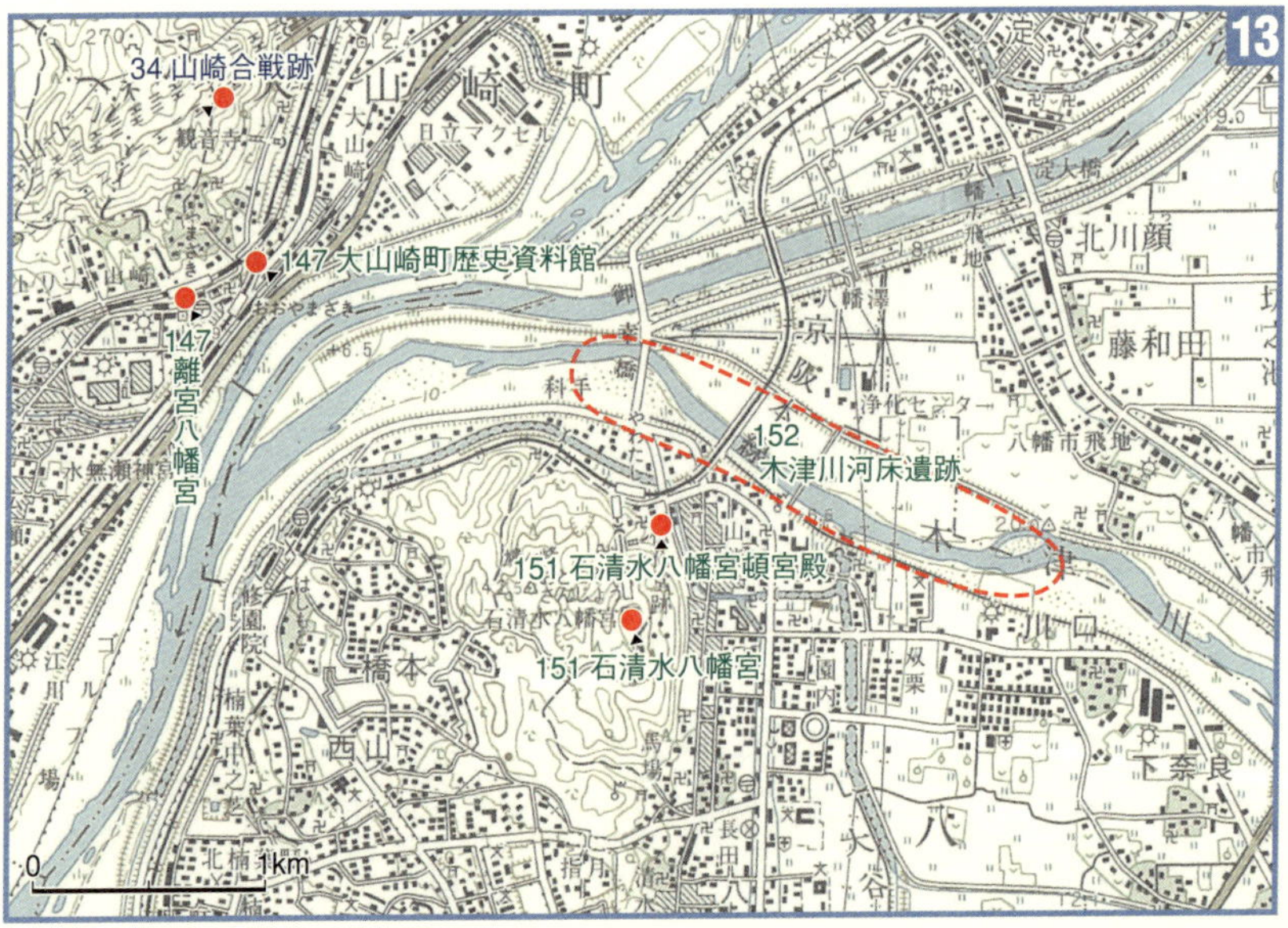
13
34 山崎合戦跡
147 大山崎町歴史資料館
147 離宮八幡宮
152 木津川河床遺跡
151 石清水八幡宮頓宮殿
151 石清水八幡宮
0 1km

装幀・本文組版　新谷雅宣

写真（提供先明示以外）　山田邦和

巻末地図作製　山田邦和・松澤利絵

巻末地図原図
国土地理院２万５千分１地形図「京都東北部」
国土地理院２万５千分１地形図「京都東南部」
国土地理院２万５千分１地形図「京都西北部」
国土地理院２万５千分１地形図「京都西南部」
国土地理院５万分１地形図「京都東北部」
国土地理院５万分１地形図「京都東南部」
国土地理院５万分１地形図「京都西南部」

著者紹介

山田邦和（やまだ・くにかず）

1959年、京都市に生まれる。同志社大学文学部文化学科文化史学専攻卒業、同大学院文学研究科文化史学専攻博士課程前期修了。博士（文化史学）（同志社大学）。考古学・都市史学専攻。平安博物館助手、古代学研究所助手、京都文化博物館学芸員、花園大学教授などを経て現在、同志社女子大学教授・同大学史料センター長。

主要著書

『カラーブックス　京都』（大阪、保育社、1993年）。『須恵器生産の研究』（東京、学生社、1998年）。『京都都市史の研究』（東京、吉川弘文館、2009年）。『日本中世の首都と王権都市—京都・嵯峨・福原—』（京都、文理閣、2012年）。『歴史家の案内する京都』（共編著、京都、文理閣、2016年）。『日本の古代遺跡28「京都II」』（共著、大阪、保育社、1992年）。『平安京提要』（共著、東京、角川書店、1994年）。『日本葬制史』（共著、東京、吉川弘文館、2012年）

京都　知られざる歴史探検　上

2017年10月25日　第1版第1刷発行

著　者＝山田邦和

発行者＝株式会社　新泉社

東京都文京区本郷2-5-12

TEL 03（3815）1662／FAX 03（3815）1422

印刷・製本／東京印書館

ISBN978-4-7877-1711-5　C0021